脳は耳で感動する

養老孟司
久石譲

実業之日本社

脳は耳で感動する

まえがき

養老孟司

久石さんは、失礼ながら、とても「まともな人」である。直接にお目にかかれば、だれでもそう感じるのではないかと思う。芸術家というのは、いちおう「変な人」という偏見が世界的にある。たぶんそうではなくて、芸術家であろうがなかろうが、変な人は変なのである。

話してみるとわかるが、久石さんはきわめてわかりやすい話をする。よく考え、その結果としての表現が練れている。いつまで話をしていても飽きない。創作活動をする人は、しばしば同じ問題にぶつかる。そうした問題に対する考え方がたがいに似ているので、話しながら、思わず膝《ひざ》を打つことが多かった。

音楽は論理性が高い。一部の音楽は強く情緒に訴えるから、そう思わない人も多いであろう。でもとくにクラシックは論理性に傾いている。数学と音楽、なかでも作曲の才能が、個人のなかでしばしば重なることは、西欧でも古くから知られたことである。筋の通った久石さんの話を聞いていると、よい音楽を聴いているような気持ちになる。音楽と言葉が深いところで連結しているということを、話しながら実感させてもらった。

とても大切だと思った話題の一つは、いわゆる大衆性と芸術の関係である。その一例として、宮崎駿《みやざきはやお》と村上春樹《むらかみはるき》を比較した議論は圧巻だった。メディアの発達があって、現代はいわゆる大衆社会である。そのなかで芸術家であれ学者であれ、孤高を保つことはむずかしい。かといって、売れればいいというものでもない。売れたから質が高いというわけではなく、かといって、売れないから上質だというわけでもない。久石さん自身がそのことを意識し、苦労しておられることが、文学やアニメ評論の専門家にもまず見られない、特異な視点を生み出していると思う。

以前に久石さんのラジオ番組に出させていただいたことがある。好きな曲を、と事前にいわれたので、ペルゴレージの『スターバト・マーテル（悲しみの聖母はたたずむ）』をお願いした覚えがある。なんでこんな曲が好きなんですかと訊《き》かれたから、中学高校がカトリックの学校だったからと答えた。音楽は教育が大きい。

私が育った時代は、まだ音楽という背景が乏しかった。なにしろ戦争中から戦後の時代である。兄が調子はずれの軍歌を歌うのを、まず覚えてしまった。だからいまでも口をついて出る歌は『嗚呼《ああ》神風特別攻撃隊』であり、『アッツ島血戦勇士顕彰国民歌』である。ビートルズは私より一世代以上後の世代の流行だし、ジャズもロックも縁がなかった。レコードといえばSP、それで姉や兄がクラシックを聴いていた。だから私にとってクラシックとは、ガサガサしたSPの雑音が入った、奇妙に懐かしいメロディーなのである。

そんな背景のなかで、いきなりピアノを習わされたって、習う気が生じるわけがない。よいものを聴いている時間なんて、まるでなかったからである。あるていど耳ができてなくては、音楽にいいも悪いもない。その意味では現代は本当に便利になった。聴きたい曲があれば、いつでもどこでも、自在に聴くことができる。音楽にとって、これほど恵まれた時代はあるまい。

考えてみると、いまでは仕事中はほとんど音楽を聴きっぱなし、典型的な「ながら族」である。とくに虫の標本を作ったり、観察しているときには、耳が完全に空いている。だから、音楽でそこを埋める。原稿を書いているときも、同じである。いまはファン・ダリエンソが演奏するタンゴを聴いている。それが原稿とどういう関係があるかというなら、まったくわからない。ただし歯切れの悪いことは書けないだろうと思う。ダリエンソをご存知なら、おわかりであろう。他方、電車に乗っているときには、目が空いている。だから本を読む。私の文化活動といえば、それだけではないか、と思う。演奏会に行く時間はたまにしかない。舞台を観る機会も少ない。暇があれば、山のなかで虫を採っている。ということは、活動自体は狩猟採集、要するに野蛮人ではないか。

久石さんは、そういう私と、よくお付き合いくださり、その結果がこの本になった。ありがたいことである。勉強になった上に、楽しい時間を過ごすことができた。読者が同じような時間を共有してくだされば、とても嬉《うれ》しい。

目次

本書は、二〇〇九年（平成二十一年）に
角川書店から刊行された
『耳で考える――脳は名曲を欲する』を底本にしている。
原文をそのまま採用しているが、
読みやすさを考慮して一部体裁を整えたほか、
明らかな誤植は訂正している。
第七章は復刊にあたって、
新たに対談したものになっている。

第一章

なぜ人は音楽で感動するのか

脳の邪魔をしないのが名曲？

久石　養老さんは、音楽はよく聴かれるんですか？

養老　聴きますよ。ただ、あんまり暇がなくてね、コンサートホールにはもうずいぶん行ってないですけど。もっぱら家でＣＤかけたり、iPod使ったりしてます。

久石　iPod使われるんですか？

養老　外では使いませんけどね。外にいる時にイヤホンで耳を塞《ふさ》いで歩いているのは、目をつぶって歩いているようなものじゃないですか、傍若無人《ぼうじゃくぶじん》だって刺されるかもしれない（笑）。うちの中で、捕ってきた虫の研究をしたり何か考えたりする作業をしている時に聴いているんです。

久石　聴かれるのはクラシックですか？

養老　そうですね。基本的に「ながら聴き」なので、この曲が好きとかなんとかで選ぶんじゃなくて、仕事の邪魔にならないものを選んでいます。

久石　モーツァルトとか？

養老　そうですね、あれは邪魔になりませんね。歌だったらタンゴとか。スペイン語だと

久石　言葉がわからないから、「ああ、いい声だなあ」と感じるだけだから。

養老　歌詞が入ってこないからノイズにならないわけですね？

久石　本当に集中している時は聞こえてないんですよ。それでも思考の途中で、ふっと気持ちがよそへ行く、そういう時に聞こえてくる音楽が気持ちのいいものだといいいんです。「聴きなさい！」とばかりに何かを強く訴えかけてくるようなものだと、ちょっと具合悪い（笑）。

養老　宮崎駿さんも絵コンテ切っている時など、絶えず音楽をかけているらしいんです。だけど、集中しては聴いてないんだよ、とおっしゃる（笑）。

久石　それは聴いてないというより、意識に入ってないんですよ、おそらく。意識では気がついてないだけ、何か影響は受けているはずなんです。

久石　脳の働きを邪魔しない音楽というのは、僕も非常によくわかります。作曲家として、ある種、目指しているところでもありますから。今回はそんな話もできればいいなあと思っています。

映像より音楽が先に脳に飛び込む

久石　僕は映画音楽を続けていて、素朴な疑問として感じてきたことがあるんです。それは映像と音楽が人の脳に入ってくるスピードです。

ご存知のように、映画というのは一秒に24コマの映像が流れます。映画音楽というのは、そのコマレベルまで合わせていく作業になるわけです。ところが、厳密に映像に合わせて音楽をつけると、間違いなく音楽の方が早く感じるんですよ。ぴったり合わせると、映像より先に音が聞こえてくるという現象が起きる。

僕は経験則で、3コマか4コマ、場合によっては5コマ、音楽を遅らせたりしてきました。そうすると、映像と音楽がちょうど合う、違和感なくシンクロするんです。

養老　普通に考えたら、映像は光ですから、音速より速いですよね。それなのに音の方が早く感じられる。これがどういうメカニズムなのか不思議に思ってきたんです。

それは意識の研究者が指摘しています。視覚と聴覚は処理時間がズレる。何の問題かというと、おそらくシナプスの数です。

意識がどういう形で発生するかわかりませんけど、自分がこういうことを見ているというのと、聞こえてくるのと、脳の神経細胞が伝達して意識が発生するまでの時間が、視覚系と聴覚系とでは違う。だからズレているわけです。
ただ、僕は根本的にはそれが当然だと思っています。というのは、目から入ってくるものと、耳から入ってくるものを合わせて捉《とら》えようなんてことをするのは、人間だけなんです、たぶん。元来、別々なものなんですよ。

久石　なるほど。

養老　そうでしょ、生き物になぜ目と耳があるかといえば、それぞれまったく違うものをつかまえるからでしょ？　両方が同じものをつかまえていたら、意味がない。どっちかでいい。早い話が、コウモリやクジラは音だけです。どっちかでいいんなら、それでもいい。両方要るということは、それぞれが別のものをつかまえるからです。その本来は別のものをつかまえる機能を結びつけて、両方一緒にしようとしたのが人間の人間らしいところです。
　普通は、それを意識しなくなっているんです。久石さんの音楽と『崖《がけ》の上のポニョ』のシーンがうまい具合に合体しているのを、不思議だと思っている人はいない（笑）。だけど、久石さん自身は、コンマ何秒という非常に細かいレベルで仕事をされているから、ズレがわかる。そういう状況ですね。

逆にいえば、その音と映像のズレを利用することで、非常に妙なシーンとか奇妙なズレ感覚の映画がつくれるんじゃないですかね。

久石　ああ、それはありますね。

養老　場合によっては、洗脳的な効果を与えることもあると思いますよ。

目と耳の情報を統合する機能

養老　野外に出てみたら、聞こえる音と目に見える景色は別ものだということが、よくわかります。川が流れているから、音がする。いや、逆でしょう？　音がするから、「あ、川があるんだな」とわかる。

久石　あっ、そうだ、音が先ですね。

養老　しかも小川のせせらぎというのは、実は周囲の林が音を増幅しているんです。ただ水が流れているから聞こえるんじゃなくて、森林のさまざまな樹木なんかと共鳴することで強く聞こえてくる。しかしそんなもの、見えるはずがない。外から聞こえてくる音と、我々が見ている風景は一致していない。当たり前のことなんです。

もっと簡単な例は、セミですよ。ミンミンゼミはからだが緑で羽根が透き通っている、アブラゼミはからだが黒くて羽根が茶色、とみんな思っているけど、からだが黒くて羽根が茶色のセミが「ミーンミーン」と鳴いたっていいでしょう？　アブラゼミみたいに鳴かなきゃいけない論理はない（笑）。

僕がこういうことを言うと、「あいつ何言ってるんだ？」という顔を皆さんするんですけどね、それは目と耳の機能が本来まったく無関係だということを、問題として考えたことがないからですよ。

久石　スリランカで地震があった時、津波がまだ来ていないうちからゾウが一斉に内陸へ逃げたという話がある。耳が「危ないよ」と知らせているんです。それを見て人間も一緒に逃げればいいんだけど、ぐずぐずしてしまう。津波を目で確認してからあわてて逃げようとしたって、そりゃあ間に合いません。動物は人間みたいに複雑に考える能力を持っていない。だから自然なんです。

人間の脳はなぜそういう能力、目と耳から入ってくるものを一緒にするような機能を持ったんでしょう？

養老　おそらく、他の動物は脳みそが小さすぎてその必要がないんです。人間は脳が進化して意識が発生してきた。そうなると、目から入ってきた情報を処理してわかること、耳から入ってきた情報を処理してわかること、どっちのいうことをきいたらいいのかわからなくなる。つまり、目と耳から違うことが入ってくるからこそ、どちらも「同じ自分だよ」という機能を同時に発達させないといけなかったんだと思います。でないと、完全に人格分裂しちゃいますから。

脳みそが大きくなってきて、目に直属するのでも、耳に直属する分野でもない、いってみれば余分な分野ができてきた。人間の場合、そこが非常に大きくなった。簡単にいえば、それがいわゆる「連合野」です。

そして、目からの情報と耳からの情報、二つの異質な感覚を連合させたところにつくられたのが「言葉」。人間は「言葉」を持つことで、世界を「同じ」にしてしまえたんです。

言葉は目で見ても、耳で聴いても同じです。ただし、それを結合させるためにはある要素が必要になる。視覚にないものは何か、それは「時間」です。写真を撮ってもそこに時間は映らない。絵にも時間は描けない。目にとって、時間は前提にならないんです。その代わり、空間が前提になる。一方、聴覚にないものは何か、「空間」です。ないというとおかしいですが、いわゆるデカルト座標は視覚、聴覚は極座標で距離と角度しかない。どのくらい遠くから聴こえるかと、どっちから聴こえるか、それだけです。

目が耳を理解するためには、「時間」という概念を得る必要があり、耳が目を理解するためには、「空間」という概念をつくらなきゃいけない。それで「時空」が言葉の基本になった。言葉というのはそうやって生まれてきたんです。

虫は融通が利かない

久石　種族保存のために、視覚なり聴覚なりどちらかが突出していくという方向ではなくて、連合させるようになった。そして言葉ができてきた。人間は、もともと脳が大きかったからそれができたということですか？

養老　そうではなくて、むしろ動物に脳がつくられた理由というのは、遺伝子レベルでは間に合わないことをするためなんじゃないかと思います。

久石　ほお。

養老　つまり、環境に適応するために。昆虫を見ているとよくわかりますよ、あいつら、ものすごく頭が固い……。

久石　ハハハハ（笑）。

養老　ちょっと状況を変えられても、適応することができない。彼らの行動についてはファーブルがいろいろ書いていますが、前の行動が済んだという結果が入力されると、次の行動が誘発される、完全に段階的なんです。

たとえば、メスのジョロウグモが立派な巣を張っている。そこにオスが行こうとしてそのままズカズカ入っていったら、餌《えさ》だと思ってたちまち食われてしまう。ではクモはどうやって生殖活動をするのか。種類によっても違うんですが、たとえば縦糸が張ってあると、それを一本……。

久石　弾《はじ》いてみる（笑）。

養老　そう。この弾き方だと、同じ種類のメスならば必ずこう反応するという原則があるわけです。たとえば右足を上げるとか。右の前足を上げたら、「これは同じ種類のメスだ」と判断できる。するとオスはもう一歩近づいて、次に別な信号を出す。今度は横糸を弾くとか何かする。その時のメスの反応で、今度は左の足が上がった、これも正しい反応だというので、もう一歩近づいていく。そうやって、何段階かのプロセスを経てたどり着く。

久石　途中で、違う反応が返ってきたら、「こりゃまずい、くわばら、くわばら」と退散するわけですね。

養老　そういうふうに、ものすごく融通の利かないつくりになっている。
　ファーブルが書いているのは、トックリバチと同じで、とっくりみたいな巣を作るハチがいるんだけど、泥で巣を下から作っていく。巣ができると、青虫をつかまえてきて巣に入れて、それに卵産んで、とっくりの蓋《ふた》をして飛んでいくんだそうです。そこでファーブルは何をしたかというと、巣がかなりできてきた段階で、底を抜いて中の青虫を全部取ってしまう。中は空なんだが、ハチは一生懸命上の方を作って、何も入ってないのにきちんと蓋をして飛んでいく。そういうふうに行動パターンが作られている。

久石　つまり、途中で想定外のことがあったとしても行動を変えられない。どんなことがあっても、最後まできちんとやることしかできないんですね。

養老　うん、一切反省もしないしね。
　ジガバチというのがいて、これは地面に穴を掘って、青虫をその穴に持ってきて卵産んで、蓋をしていくんです。子どもはその青虫を食べて育つ。ジガバチがまず穴を掘るでしょ、掘った巣へ青虫を連れて帰ってくる。この時にいきなり連れて帰らないんです。必ず五十センチぐらい手前に青虫を置いて、巣の中を調べる。クモが占領してないかとか、異変がないかを調べてから青虫を持って入るわけです。

久石　慎重ですね。

養老　そこで、意地の悪いやつがいて、ちょっと手前に置いてある青虫を動かしておくとどうなるか。一生懸命探して「ああ、あった、あった」と安心して持ってくる。そのまま穴に持って入るかというと、そうじゃないんだな。また穴から五十センチぐらいのところに置いて、巣を調べに行くんだよ（笑）。動かしておくと、永久にそれをやっている。

久石　へぇ〜、律儀にもほどがある。頭固いですね（笑）。

遺伝子に任せておけないことをやるのが脳の役目

養老　生物というのは、最初はそうやって、段階的な行動をするようにできているんですね。おそらく遺伝子的なもので決められていた、いわゆる「本能」というやつはそういう行動しかできなかった。

それを人間は脳を大きくしたことで、人間だけでなく哺《ほ》乳類《にゅうるい》なんかそうですけど、「学習」ということをする。学習というのは、その時の状況に合わせて行動を変化させる。

それをどんどん進化させていったのが人間です。脳がものすごくフレキシブルな行動ができるようになったことで、逆に何でもありみたいになってきた。だから人間は本能的に行動しないで、脳で行動するんです。同時に、人間はこういう人間社会をつくった。その社会は完全に「脳のルール」で規定されています。一番端的な例が「言葉」です。言葉は人間がつくったものでしょう？　言葉がなくても動物としては生きていける。しかし、人間社会では言葉の能力がなければ生きていけない。社会に入れない。おそらく子どももつくれません。ということは、言葉の能力がない人は、この社会からは明らかに排除される。

歴史的に遡《さかのぼ》って考えるとそうなんですね。ある段階まで言葉はなかったんですから。言葉を持った集団ができた時に、言葉ができないやつはその集団の中で「おまえ、あっち行け」とチンパンジーの側に押しやられてしまったはずです。生き延びたかもしれないけど、ゴリラやチンパンジーになった。

おそらくそういった形で非常に強く選択がかかった社会が積み重ねられてきたことで、今の人間ができてきました。遺伝子がしていることを、遺伝子に任せておけないから、こっちでするという形のものをつくっていった。それが脳だ、と僕は思っているんです。

久石　面白いですね。

養老　人間は、そういう直接の生存に役に立たないことをいっぱいつくる。自然に相対して言葉を使っても何の意味もないことはすぐわかる。クマやライオンに向かって「あっち行け」と言ってもまったく役に立たない（笑）。言葉は、人間の社会の中だけで有効なんです。そういう社会、自然界に対して意味を持たない言葉というものが通用する世界で生きていく。それをどんどん進めたものが「都市」ですよ。都市というのは、人間の脳がつくった、意識がつくったものです。

久石　だから「脳化社会」だと、養老さんはつねづねおっしゃっているわけですね。ということは、プラトンとかあの時代から、そういうのはすでに始まっていたということですか？

養老　そうです。プラトンは典型的に脳化の人ですからね。見てください、ここなんかも高層ホテルだけど、外に見えるのは高層ビルをはじめ人工的な建造物ばかり。人間の意識が造ったものしかないでしょ、これが都市ですよ。

久石　確かに脳化の極みですね。ただ、一方で、こういうものも美しいと思ってしまう部分もちょっとある……。

養老　そうです。要するに、人間というのはそのぐらいしぶといんです（笑）。人間がつくった高層ビルがにょきにょき建っているのを見ても綺麗《きれい》だと思えてしまう。あるいは砂漠で月を見ても、「ああ綺麗だなあ」と思う。そう感じる感覚は、説明できないものでしょ、そこが大事なんですよ。

言葉で表現できない感覚「クオリア」

養老　今の人の悪いクセは、何でも「言葉」で説明できて、理解できると思っているところだと僕は思っています。だから意識的に言葉で説明することを求める。

学生がよく「先生、説明してください」と言います。僕はそれを言われた途端に機嫌が悪くなる（笑）。医学部で、男子が多いでしょう。「説明したら、陣痛がわかるか？」と言うんです。どういうふうに痛いか説明されたら理解できるかって、そんなのわかりっこありませんよ。

久石　体験したことのある人でなければ絶対わかりませんからね。

養老　それを、哲学では「クオリア」というんです。茂木健一郎《もぎけんいちろう》君が「クオリア」ということをよく言っていますが、言葉ですくいきれなくて落ちていく部分というのが必ずあるわけです。

いろんなふうに落ちるんですけど、たとえば我々は、ものを名前で呼びます。自然のものを、たとえばリンゴならリンゴと言う。だけどリンゴにもいろいろな種類がある。黄色いのも青いのも赤いのも、甘いのも酸っぱいのも、大きいのも小さいのも、木になっているのも、八百屋で売っているのも、腐って落っこちているのもさまざまです。

それが言葉としては「リンゴ」の一語で言い表せます。一見便利なようですが、「リンゴ」という言葉を使った瞬間に、そのリンゴの持っているいろんなものが落ちる。なおかつ、そのリンゴがどういうふうに見えているか、各人それぞれの見え方は絶対に語れない。当人でなければわからない。赤いと言っても、その赤さは人によってまちまちです。ひょっとしたら、あなたが緑色だと感じているリンゴの感覚を、他の人は赤いと言っているかもしれない。そういうことはお互いに比べようがないものでしょう？

そういうふうに言葉で表現しようとすると必ず落ちていく、絶対に比べようがないものを、哲学では「クオリア」という。

ところが、今は現実よりも言葉が優先するんですね。そして言葉にならないことは、「ないこと」になってしまうんです。そうした中で、かろうじて絵とか音楽とか、

久石　いわゆる芸術といわれるものが、言葉にならないものとして踏みとどまっている。まさにイデア論ですね。僕はずっと音楽とは何かを考えていますけど、やっぱり言葉で定義づけることはできない。音楽とはどうあるべきものなのかも、わからないんですよ。今、どんどんＣＤが売れなくなっています。聴きたかったらダウンロードすればいいというのは、音楽のあり方として僕が疑問に思っていることの一つですが、そういったことも「脳化社会」と関係していますね。

養老　そうだと思いますね。

感覚が落ちている

養老　それからはっきりしているのは、芸術が教育の中からどんどんなくなってきている。教育といえば、試験に通ることだと思うようになっている。昔は「情操教育」といいましたけど、もはや情操的なものを育てることを教育が含んでいるとは、みんな思っていないんじゃないかなあ、それこそ先生も、親も。

久石　ええ、知識として形にならない、覚えてアウトプットできないものは価値がないという感じになっていますからね。音楽にしても、ベートーヴェンの何と何と何の曲を知っているというのは、単に記号化された記憶でしかない。そういうことをたくさん知っていて答案用紙を埋めることができたとしても、それは音楽を知っている、味わっていることとはまったく別ものです。

養老　音楽から影響を受けることができる能力なんか測ってませんものね。それが感性とか感受性というものですが、感受性は測りようがない。クオリアの領域に入ってしまいますから。測りようがない、比べようがない、だからそういうものには目を向けない。ないことにする方が楽だという傾向にどんどんなっている。

今日も、「道徳教育について何か一言書いてくれ」という話があったので、ここに来る前に先生向けの原稿を書いてきたんですけど、僕にいわせれば「子どもは親を鑑《かがみ》とする。だから親の教育が先だ」、この一言に尽きるんです。

久石　まったく同感です。

養老　音楽がきちんと言葉で説明できるなら、音楽は要らないんです。言葉で表現できないものを表現するために、芸術というものがある。

久石　そうですね。養老さんにそう言われると非常に説得力があります（笑）。

養老　感覚自体が落ちてきているんですよ。単純な形で測れないものの重要性が見落とされている。それは、音楽の世界なんかに非常に響いてきているでしょうね。

久石　大きいですね。今はダウンロードという形で音楽を聴くことがものすごく増えています。それも確かに音楽の新たな流布の形態だとは思うんですが、「携帯で着信メロディーで聴くのが音楽といえるのか？」という気持ちが僕の中にはあります。

それは、メロディーを単に記号として認識しているだけでしょ、と。記号化された情報を受け取っているだけなんです。どこかの人気ブランドで新しい洋服が発売されて、それを知っているかどうかというのと同じレベルなわけですよ。これを知らないと人の話についていけないとか、話題から取り残されてしまうとか、そういう不安を穴埋めするツールでしかない。その程度の感覚で取り入れているのは、音楽を聴くということではないぞ、という思いがありますね。

養老　現代人の感覚がどのように落ちてきたかがすごくわかりやすい例として、娘の長電話の変化というのがありますね。二十年ぐらい前、女の子というのは学校から帰ってきてから友だちに電話をかけて、一時間くらい喋《しゃべ》っているのが普通だった。それを見て親父が怒るというのが、よくある家庭の風景だった。

それが、家の電話から携帯電話に変わった。さらにどうなったかというと、メールですよ。つまり、友だちと面と向かって喋るよりも、電話で喋る方が喋りやすくなり、やがてそれが声から文字になった。相手に反応するんではなくて、メカニカルな形に反応する。

久石　そうだ、そうだ。どんどん相手との距離を遠くしているわけですね。

養老　そうやって、生きている人間との距離を、感覚的に遠くするようなことをしてきたのが、現代文化なんです。

内なるもう一つの目？

養老　考えてみると、感覚器というのは必ず二つ存在しているんです。こういうこと言うのは僕だけなんだけど。

久石　ん？　ということは、目が二つ、耳も二つ、鼻の穴も二つということではなさそうですね。

養老　うん。どういう意味かというと、目という器官があって網膜にものが映し出されていろいろなものが見えているわけですが、そういった外の世界を捉えているのとは別に、自分のからだにとって必要な目があるんです。それが第二の目です。

たとえば「日周活動」。朝になると、明るくなって目が覚めて、夜になると眠くなる。これをコントロールしている目がある。それを「松果体《しょうかたい》」というんですが、松ぼっくりみたいな形をしていて、脳のど真ん中にある。これが、実は体内の「目」の働きをしている。松果体が目でない、要するに光を採ってないのは、哺乳類だけです。

鳥でもちゃんと松果体は目として機能しています。上に骨があって皮膚があり、羽が生えていますけど、そこを通り過ぎてくる光をちゃんと感じているんですね。爬虫類《はちゅうるい》になるともっとはっきりしていて、トカゲなんかだと、頭のてっぺんの頭頂部に穴があって、そこに松果体がある。カエルとか魚は、完全にここで感じているんです。朝と晩の違いがわからなかったら、活動に影響するでしょう？　つまり、「自分のからだに関する目」は別にあるんです。

人間も、光を取り込んではいませんが、松果体の中に光を感じる細胞が今でもちゃんと残っているんです。どうしてそれが光を感じるかがわかるかというと、松果体の細胞は、網膜にある細胞と同じように光をトラップする特殊な構造を持っていましてね、それでわかる。

松果体はもう一つ、性的成熟といったことにも関係します。それも環境に対して必要なわけではなくて、自分の内部の問題です。

では耳はどうか。耳にはちょっと特別なところがある。

耳の元は身体の運動をつかさどる平衡器官。いわゆる三半規管がそれですね。動物は陸上に上がった時に、カタツムリがついてきた。ついてきたというのは、迷路から発生したわけです。もともとは魚の「側線」といって、魚の脇のところに綺麗にぼつぼつと並んでいますね。あれの一番前、頭のところにあったものが、特殊に変わっていったものです。それに迷路がくっついた。迷路、いわゆる半規管といわれているものも、元はそうやってできたのかもしれない。「前庭《ぜんてい》器官」というのが二つあって、自分のからだの動きを把握する器官。そこに音を聴くものがついて耳になったんです。だから陸に上がらないと耳はない。魚は「ウェーバーの器官」というのを持っていて、それが耳のような機能をしているといわれていますが、それは比較的あとからできてきているので、いわゆる我々の耳とは違うと考えていい。

久石　今のお話でいうと、耳はものを聴くという以前に、自分のからだの動きを把握する運動器官の要素が強いということですね。

養老　ええ、それがよくわかるのが、めまいですよ。めまいは三半規管の働きで起きるものです。音とか音楽を耳で聴いていると思っていますが、振動をからだのいろいろなところで聴いているので、必ずしも耳だけで聴いているわけではありません。耳は外の世界を捉えるばかりではなくて、からだの内側にも深くかかわっている器官だということです。

触覚や嗅覚も二重構造

久石　そうなると、五感の他の感覚器のことにも興味が湧いてきますが。

養老　触覚というのは非常に繊細です。麻雀で摸牌《モーパイ》ができる、指の腹で触っただけで、引いてきたのが何の牌かわかるわけですからね。あるいは点字もそうです。あんな小さなぶつぶつの突起を感じ取って文字として認識する。硬いとか柔らかいとか生地を認識するのもそうですが、我々が「触覚」と感じているようなもの、外部を捉える感覚はモダンな感覚です。

　ところが、痛いとか温かい、冷たいといった温痛覚というのは完全に内部の感覚。あるいは筋肉の関節の動きを感じている運動覚、そういうのは非常に古いもので、脊髄《せきずい》の中の通路が違うんです。触覚も二重構造になっている。

　よくわかってなかったのは、匂いなんですが、匂いも実はどういう匂いだという捉え方をする以外にもある。フェロモンってあるでしょう？　哺乳類にもあるんです。たとえばネズミを飼っていて、妊娠して二日目か三日目ぐらいのタイミングで、そのカゴの中に新しいオスを入れるとどうなるか。つまり、オスを取り替えると、前のオスの子どもを全部流産するんです。

久石　えっ、そうなんですか？

養老　それは匂いなんです。フェロモンの影響。人間でもおそらくそういうことがあるに違いないんですね。というのは、女子寮では「月経が揃う」といったことが昔から知られています、経験的に。これも、おそらくフェロモンを感じるんだろうといわれています。

嗅覚器《きゅうかくき》を調べてみると、実は「ヤコプソンの器官」といって、古くからの器官なんですが、この器官で哺乳類は間違いなくそういうフェロモンを感じている。

人間では胎児の段階ではあるんですが、大人になると退化するともいいます。あまりよく知られていない。ただ、新生児ではちゃんとあるんです。たとえばお母さんのお乳の匂い、他のお母さんとちゃんと区別がつくのは、そのヤコプソンが機能している可能性が高い。それは母親との接点ということで、やっぱり外部環境と内部ギリギリのところです。そういうふうに嗅覚も明らかに二重になっています。

ヤコプソンの器官が一番よく発達しているのはヘビです。ヘビが舌をペロペロやっているでしょう？　ヘビは口の天井がないですから、鼻の仕切りに舌が直接あたる。鼻の下の仕切りがくぼんでいて、割れている二つの舌がピタッとそこに入る。つまりヤコプソンの器官にはまるようになっている。だから、あのペロペロというのは、舌の先についた物質をヤコプソンの器官で感じるためにやっているんです。それは、空気中の、ガスの中の分子を捉えて匂いを感じるのとはちょっと違う。それもやっぱり、自分の内側の話です。

音楽で人が感動しやすいわけ

養老　ここまで話せばピンと来ると思いますが、すべて、感覚器は二重構造になっているわけです。松果体もヤコプソンの器官も、退化傾向にある。だけど、耳だけは、半規管は退化できません。いわば古い感覚器が耳だけは非常に強く残っているんですよ。身体の運動に直接つながっていますから。

脳の中では当然、近い関係にある。つまり脳からいうと、聴覚は古いところに直接届いている。それがいわゆる情動に強く影響するということなんです。

久石　ほおおお、面白いなあ。

養老　情動というのは、実は脳でいうと古い部分、「爬虫類の脳」といわれている「大脳辺縁系」というんですけど、そこにかなり大きな影響を与える。実は、それが一番遠いのは目なんですよ。目は非常に客観的。だから、見て感動するより、聴いて感動する方がよっぽど多いんです。

久石 長年の疑問が解けました。う〜ん、そういうことだったんですね。

養老 それをドイツ人は経験から知っていたんだと思います。ニーチェは、最初に書いた『悲劇の誕生』という本で、ギリシャ悲劇というのは、目で見る舞台と耳で聴くコーラスと両方からできているという二重性を説明しています。視覚から入ってくる方は、明晰《めいせき》な美しさを持ち、均整といったものを中心にしている、それに対して音楽は強くて暗くて、強く人を動かす。それを彼は「アポロン的」と「ディオニュソス的」というふうに分けた。その二つの組み合わせによってギリシャ悲劇はできているのだといったことを二十代の若さで書いている。

久石 そうですね。伺っているうちに、これまで僕が頭の中で断片的に考えていたことが綺麗につながった気がします。ニーチェは自分でピアノも弾いていたし、作曲もしていました。ですから、僕はニーチェの文章を読んでいてちょっと理解できないなと思う時、音楽を想定して考えるんです。そうすると「ああ、これはひょっとしたらこういうことかなあ?」となんとなくわかってくるようなことがありますね。

メロディーは時空の記憶装置

養老　もっと面白いと思うのは、物理学でノーベル賞を取ったハイゼンベルクという人がいます。「不確定性原理」で量子力学の基礎を構築した人です。

不確定性原理というのは、素粒子の構造を調べた時に、その素粒子の空間の中の位置をきちんと測定しようとする実験を組むと、運動量が計算できなくなる。その粒子のエネルギーみたいなものをきちんと測ろうとすると、その粒子がどこにあるかが決められなくなる。どちらかしか我々は調べられないという原理ですが、運動量という時に何が大事かというと、そこにはV（速度）が入ってくる。速度は時間がないと成り立たない。しかし、空間の位置には、時間は要らないんです。そこなんですね。

ある時、ハイゼンベルクは何気ない随筆を書いた。なんと書いたかというと、真理には二つある、一つの真理は、「静的（スタティック）」な真理で、もう一つは「動的（ダイナミック）」な真理だと。これをもっと具体的にいうと、スタティックな真理とは、「ある土地を知ろうとする時に、航空写真を撮るようなもの」で、ダイナミックな真理とは「その土地を知るのに、その土地を歩き回ってみること」だという。これ、要するに目と耳のことを言っているわけです。

あるいは、カントは時間と空間は人間の認識のア・プリオリだと言った。目と耳についてこのような捉え方をする文化をドイツ人が持っていることを、僕は面白いなあと思っていたんです。

久石 お話を伺っていて今ふっと思い浮かんだのが、時間と空間というのは、音楽の基本概念でもあるという点です。

音楽を構成する要素は、「メロディー」と「ハーモニー」と「リズム」です。「リズム」というのは刻んでいくわけですから時間の上に成り立っています。「ハーモニー」は響きです、その瞬間、瞬間を輪切りで捉える、いわば空間把握ですね。では「メロディー」は何か。時間と空間の中の「記憶装置」なんです。時間軸上の産物であるリズムと、空間の産物ハーモニー、その両方を一致させる認識経路として、メロディーという記憶装置があるわけです。

養老 ほお。僕はよく楕円《だえん》を二つ描いて、「これをそれぞれ目と耳だとすると、重なっているところが言葉だ」と説明します。目から入ってくるものの代表が絵画でしょ。視覚と言葉が結びついていてわかりやすいのが、漫画です。一方、耳から入ってくるものの代表が音楽。聴覚と言葉の結びついたところに、歌詞とか詩といったものがある。大雑把にいえばそんなこと。

だから絵画と音楽はつながりにくいはずなんだ。そういう意味でムソルグスキーの『展覧会の絵』というのはどうも気に入らない（笑）。こんなにつながりにくいものをなんで一緒にするんだ、どういう皮肉か、と思っているんですよ。

聴覚と論理性——音楽は論理的

久石　時間が絡むと、そこに論理的な構造が成り立ちますよね？

養老　そうです。たとえば諄々《じゅんじゅん》と理屈を説いて聞かせる時は、証明が順繰りになりますね。それが論理ですから。論理というのは耳そのものです。目は耳とまったく違う性質を持っていまして、こちらは一目でわかる。だから、「百聞は一見に如《し》かず」というんです。百聞の方は筋道立ててきちんと言う。対して目の方は「そんなの一目見たらわかるだろ？」と。

久石　論理は耳そのもの……。

養老　そう、聴覚系が本来持っている性質が論理性です。目はそういう論理性を持っていません。だって、あるものがみんな目に入ってしまいますからね。「見えちゃうんだからしょうがないだろ?」というのが目の論理です(笑)。まあ、論理といえるなら。

久石 音楽というのはすごく情動的なものだと思われているところがありますが、僕はむしろ、音楽は論理性が高いものなんだという考えなんです。古代ギリシャ時代の昔、数学と音楽とは一緒に論じられるようなことがありました。ということは、音楽はもともと論理的なものと捉えられていた。そういう成り立ちのものだと僕は思っているんですね。

養老 耳は、時間の中をきちんと単線的に動いていきます。ですから、音楽が論理というのは正しいんです。

久石 そうなんですね。

養老 目が正しいと思うことと、耳が正しいと思うことがあって、目で正しいと思っても、実際には成り立たないことというのがあります。その典型が「ツェノンの逆理」ですね。

アキレスと亀が競走する。アキレスが亀の十倍の速さだとして、百メートル離れてアキレスと亀は同じ方向に走る。アキレスが百メートル走ると、亀の速さは十分の一ですから、亀は十メートル行く。アキレスが十メートル行くと、亀は一メートル行く。アキレスが一メートル行くと亀は十センチ行く。

久石　理屈でいうと、いつまで経っても追い越すことはできない、というやつですね。

養老　これを絵に描くと、つねに一つの絵が両者の関係性を示しますね。縮尺を絶えず変えていけば、いつもその状況、十対一の関係が続くのだと、目は言うんです。でも実際にやってみると、すぐに追いつき追い越してしまう（笑）。だから「逆理」なんですけど。

実は「ツェノンの逆理」というのは五つあって、どれも根本的に同じことをいっています。有名なところでは、「飛んでいる矢は止まっている」、あれも同じですよ。写真に撮ると矢は止まって見える。それをいくらつなげても飛ばない。

目だけで物事を考えるとそうなってしまうんですよ。脳は視覚にだまされる。

久石　なるほど。最近は振り込め詐欺のように、電話を使って人をだます手口もありますけど。

養老　あれは耳をだますというより、言葉の意味を微妙にずらすことで人間の意識をだましているんです。

論理の基本は疑問形

養老　「百聞は一見に如かず」という諺《ことわざ》があるものだから、パッと見てわかることが大事だと皆さん思っているかもしれませんが、物事を理解するためには、どうつながっているかの因果関係が重要なんです。その点、耳の聴こえない人はこれが苦手です。疑問形がわからないでしょ、因果関係が把握しにくい。

たとえば、生まれつき耳の聴こえない子どもがいる。目は見える。耳は聴こえなくてもそこに言葉は成り立ちます。手話ですね。耳が聴こえない子どもに疑問文を教えるにはどうしたらいいかというと、文章を穴あけ問題にする。「このブランクを埋めなさい」と。抜けているのは見てわかる。何か大事なものがあって、ここが抜けているなという形で、まず疑問を教えていく。

疑問文というのは論理の基本なんです。

久石　そうすると、論理的な構築をしたかったら、まずは疑問形を積み重ねていけばいいということができますね。

養老　そうですよ、会話でも何でも。数学とか哲学というのは完全に論理ですからね、目の見えない数学者はいるけれど、耳の聴こえない数学者や哲学者は基本的にいないんじゃないかと思います。

久石　今の時代、視覚偏重とまでは言いませんが、目から入ってくる情報にものすごく依存度が高くなっている気がしていたんですが、こうしていろいろ伺って、聴覚の力、耳の果たす役割をあらためて見直すことになりました。

養老　ちょっと乱暴な言い方だけど、おそらく根本的なところで、生きていく時に基本になるのは目よりもむしろ耳の方でしょうね。意識を失った人が意識を取り戻す時も、最初に耳が回復する。声が聴こえてきて、次に目が開くんです。死ぬ時もたぶんそうです。

久石　ああ、『チベット死者の書』なんかもまさにそうですね。死んでいく人の耳元でずっと語りつづけられる。死後四十九日間にわたって経典が読まれ、それが死へのプロセスになっているという。意識が遠のいていく時に、最期まで耳は聴こえているんですかね？

養老　死んでみたことがないからわからないけどね。「ご臨終です」という声なんかが聴こえていて、「あれ？　俺、ご臨終なのかあ……」と感じるのかもしれませんよ（笑）。

第二章

感性の土壌

木の文化を見直そう

養老　現代人は全体的に感覚が鈍ってきていますが、五感の中で今一番軽視されているのは「触覚」ですね。都市というのは、触ることを拒絶している傾向があってね。コンクリートの壁、触る気になります？

久石　まったくなりません。

養老　生コンの剝《む》き出しの壁なんて耐えられないでしょう。それから、屋外の手すりを金属製にするなんていうのも、とんでもない話。陽があたっている時に触ったら火傷《やけど》しそうで、寒い時に触ったら手がくっついてしまう。手すりというのは人間が手で触るためのものなのに、安全性、耐久性だけでものをつくるとそういうことになる。

久石　屋内でも、階段の手すりみたいなものが、落ちないための機能性重視になっていて、触って心地良いという手すりが減って少なくなっていますよね。

養老　触ることを拒否している構造物ばかりの中にいたら、ますますからだが置き去りにされる。現代文化はそうやってどんどん感覚から離れていく。僕は、人に合わせた触覚の重視のためには「木の文化」の復権しかないと思っています。

久石　ああ、同感です。明治から昭和にかけてさまざまな建築設計を手がけたウィリアム・メレル・ヴォーリズという建築家がいます。もともとはキリスト教布教のために日本にやってきたアメリカ人で、滋賀県で英語教師をしていたんですがクビになった。それから好きな建築を始めたのですが、プロとして正式な建築の勉強はしていなかったようですが、学校とか教会とかホテル、個人住宅などを次々と造るんです。メンソレータムの会社の創業メンバーの一人でもあって、実業家としての側面もあった人です。

そのヴォーリズの建築は完全な西洋建築なんですが、内部は木の素材をものすごく上手に使っているんです。階段の手すりなんか、子どもが滑り台としてすうっと降りたくなっちゃう。大人もずっと触っていたい。だから非常に人間的な感じがします。

今の建築には、そういうものが少なくなっていますね。やっぱり機能性中心になっているからでしょう。もっと木の文化のよさを見直してほしいと思います。

かつてのような技術もなくなった

養老　建築基準法は見直さないといけないですね。基準は基準でいい、しかし例外を許さないといけない。

久石　鎌倉の建長寺が創建七百五十年記念で法堂《はっとう》を解体修理したんですが、結局、コンクリートを使いました。木で造ろうとすると、建築基準法が通らない――。逆に、文化財として指定されている建物だと、今度は補修する時に日本産の同じ木を使いなさいというんだが、その木がないという状況になっている。だから、文化財のための森をつくりましょうという運動がある……。

NHKの番組で京都の西本願寺、御影堂《ごえいどう》の改修工事の話を見たんですが、反りのある大屋根を支える梁《はり》に、曲がった木が使われているんですね。専門家によれば、曲がった木の方が年輪が複雑で強度があるらしいんですけど、そういう木を探して持ってくるのに三年以上かかったとか。

養老　まさにそうなんですよ。

久石　あるいは、建造当時のような耐火性の高い土壁にするために、土を何年か寝かせる必要があるとか、とにかく当時の技術はすごいんです。僕たちは現代の技術の方が格段に進んでいるように普段思っていますが、実は昔の技術にかなわないんだなあと思いましたね。

養老　東京でいえば、皇居の石垣がそうです。あれ、今では積めないんです。何度も地震に遭っているにもかかわらず崩れてないんだけど、それがどうしてか未《いま》だにわからない。構造計算ってあるでしょう？　かの有名な（笑）。あれができねえって。石は一個一個形も違うしね。だから、今石垣造ろうとしても、国土交通省が許さないんですよ。計算の仕方がわからないから。崩れるか、崩れないかわからないから。

久石　そんな理由で造れないんですか。

養老　バカな話でしょう？（笑）

個性はからだにあり

久石　触覚の話が出ましたが、実は僕は「手触り」というのがものすごく気になるんです。買い物に行っても、やたら何でも触ってしまうんですよ。服だったら必ず裏返して肌にあたる感触を確かめる。お店の人に嫌われるなあと思いながら（笑）。

食べ物でも、とにかく触ってみる。触って初めてそれを自分が受け容《い》れられるか認識するという感じなんですね、すごい原始的かもしれないけど（笑）。

養老　よくわかりますよ。

久石　ピアノでも指揮棒でもそうです。とくにピアノを弾くという行為は、完全に指先のタッチですから、自分にとってよいピアノはまず鍵盤《けんばん》のタッチのよさが目安になる。僕にとって触るということは非常に大事な感覚です。

養老　はい。

久石　質感ってすごく大事だと思うんです。よく「肌が合う」と言いますよね。そのフィット感覚はものに対しても人に対してもあって、たとえばそれがブランド品の高級な服だったとしても、馴染《なじ》めないものは馴染めない。あるいは、大変優秀な人だといって紹介されても、どうも波長の合わない人もいる。もちろん仕事で付き合う相手とは、呼吸を合わせる努力をする。ただ、息は合わせられても、肌合いというのは合わせられないでしょう。その人その人が持っているものだから。

　結局、感触というのは、そういう自分と対象との距離感をつかみとるためのメジャーみたいなものだという気がするんですよ。

養老　僕はよく「個性はからだにあるんだ」と言っているんですが、そういうことですよ。

感覚がどんどん麻痺《まひ》していってからだが忘れられているのに、「個性を出したい」とか「私らしさ」がどうとか言ってもダメなんです。

久石　個性はからだにあり……ですか。

養老　そう、からだは個性そのもの。だって親子であっても皮膚の移植すらできないんですからね。個性ということをいってわけのわからない自分探しをする前に、からだと感覚をもっと見直せということです。

匂いはあるのが当たり前

久石　あと、僕は仕事がピークを迎えて四日くらいほぼ徹夜、みたいな状態が続いた時は、神経がもう極度に張りつめていて、嗅覚《きゆうかく》なんかも異様に敏感になるんです。誰かがスタジオに入ってくると、ドアを開けただけでその人の体臭まで気になったりする……。そういうことでいえば、他の人よりは多少、触覚や嗅覚の感度が強いのかもしれません。

養老　芸術をやる人はそうでなきゃいけないでしょう。

五感のうち、視覚、聴覚、触覚は、それぞれ言葉にできる。コミュニケーションを図ることができます。そういうことでいえば、他の二つよりモダンな感覚なんです。匂いと味はもっと原始的な感覚で、脳でいえば、鼻や舌からの感覚は五割しか、半分しか大脳皮質に上がってこない。残りはどこへ行くかというと、「大脳辺縁系」、古い脳に入っていく。

久石　感覚としては、どちらかというと本能的なものに近いということですか？

養老　ええ。最近はみんな、臭いものを毛嫌いするでしょう？　今の世の中がどれだけ匂いを嫌っているかは、「消臭」を謳《うた》った製品が巷《ちまた》にどれだけあふれているか考えただけですぐわかる。

久石　あふれていますね、消臭グッズ。あと抗菌グッズなんていうのも。

養老　都市型社会は汚いものを嫌います。同じくらい臭いものを嫌う。だけど、感覚の衰えている現代人が、嗅覚だけ特別に敏感になったなんてことはない。匂いがあるのが当たり前だということを、受容できなくなっているだけでしょ。無臭、無菌の環境で生物が生きられるか考えてみろ、っていうんですよ。しかも匂いを嫌うというのは、差別に直結するからタチが悪い。

犬の散歩をさせている人が、ペットボトルか何か持っていて、犬がおしっこかけてマーキングしたら、そこに水かけて流したりしているでしょう。何をバカなことやってんだと僕なんかは思う。犬にしてみれば自分の縄張り確認をしているのに、やる端から飼い主に水を差される、たまらんでしょう。あれ、犬にストレス溜《た》まるよ(笑)。

久石　確かにね(笑)。

味覚の記憶

養老　味覚については、やたらとグルメ、グルメといっていますが、ほとんどの人がよくわかっちゃいない。よくいわれるのが、おふくろの味ですね。味覚というより、あれ実際には記憶ですよ。

久石　ああ、必ずありますね、その人にとってすごく懐かしい味というのが。体験的に染みついた味として残っている。

養老　一番有名なのは、プルーストの『失われた時を求めて』、あの紅茶とマドレーヌのくだりですよ。

マドレーヌを出された瞬間、ほとんど無意識に紅茶に一切れ浸してしまう。そして口に入れた途端に、ふっと昔の記憶が脳裏に浮かんでくる。子どもの頃、叔母さんがよく、紅茶にマドレーヌを浸してはそれを勧めてくれた。それをきっかけに子ども時代を過ごした町のさまざまな記憶が甦《よみがえ》ってくるというあの場面。味覚の記憶に対する人間の感覚が、非常によく描かれていますね。

養老　だけど結局は目の前にあるものと、記憶の中のものは違うんですよね。

久石　そうそう、現実にそうでしょ。懐かしいなあと思って久しぶりに食べてみると、「おい、こんな味だったのか」と思ってがっかりするようなこと。

養老　ありますね。先ほど脳は視覚にだまされるというお話がありましたけど、味覚もけっこう脳をだましますよね。

日本人は構築力がない！

久石　さっきの話の古い建造物の修復や石垣の積み方でわかるように、日本の伝統的な技術というのはほとんどが職人芸というかたちで伝わってきています。日本人は、システムとして何かを作ることがへた。構築性がないんです。

養老　この間、『ものつくり敗戦』という新書を読んだんですが、工学系の先生が、日本は職人芸ばっかりやってきたから、社会システムとしての技術の生かし方がうまくない、それで負けているんじゃないか、ということを書いていました。

そのとおりで、たとえば宇宙工学なんかは、車よりも何ケタも多い部品を持ったロケットを飛ばすために、組み上げから手順から、きちんと考えなきゃいけない。そういうところが日本は弱いんです。一個のものをつくれといわれたら、個人の目が届く範囲で非常に上手につくる。ところが、構築性を必要とするところが意外に弱点である。

久石 そうですね。

養老 日本人に構築性がないのはなぜだろうということを、科学の世界でも時々議論するんですよ。一番身もフタもない意見は、「文章に関係節がないからだ」という考え方（笑）。英語などの文章は複文構造で、主語や述語がいくつも出てきても、一つの文章の中に、ちゃんと段階があるでしょう。同じ文章の中で段差をいくらでも重ねることができて、階層構造になっているから、というんだよね。

わかったような、わからないような話だけど、確かに日本人は階層構造というのを意識的につくりにくいんです。たいていのものを経験的につくってしまえるけれど、それはあらかじめ階層的に秩序立て、論理立ててやっているわけじゃない。

久石 わかりますね、最近はちょっとiPodに押されぎみですが、ソニーのウォークマンに代表されるように、利便性の高い小型製品の技術力において、日本は卓越したものがあります。

ところが、プロ仕様のレコーディング機材は、いまもほとんどがイギリス製なんですよ。日本製もあるにはありますけど、音質がやっぱりイギリス製のものには及ばないんです。これが僕は以前から不思議でしてね、イギリス人って、あまり働かない人たちでしょ(笑)、勤勉に働くという姿勢から程遠い印象があるのに、どうして百チャンネルぐらいの精巧なコンソールがイギリス製なのか、と。

養老　つまり歴史の重みですよ。社会が確固たる構築力を持っているから、個人が必死になって働いてつくりあげるわけではない。そういうところで強みを発揮するんです。

アルファベットと漢字の違い

久石　この違いはどこから来ているんでしょうね。

養老　一つ考えられるのは、西洋というのはアルファベット性が強い。アルファベットというのは構築ですね。26文字しかないものをつなげて、何でも書けるわけですから。逆にいえば、何を書こうが26文字に戻すしかない。アルファベットの中からDと

OとGを持ってきて、D・O・Gと並べれば「ドッグ」、しかし配置を換えて、G・O・Dと並べれば「ゴッド」です。犬と神様とが同じ要素でいいんですから。そこで非常に重要になってくるのは「構築」ですよ。つまり並べ方です。だから、そういうことに対して非常に敏感なんです。要するに、世界が特定の要素からできていて、それを順序正しく組み合わせることで出来上がるという、暗黙の確信がある。

ところが、漢字文化を持つ我々は、その概念を表現する字を持ってきて充てればいい、なければその字をつくってしまえばよかった。だから構築性がないんですよ（笑）。

久石　そうか、文字の成り立ちからしてそうですね。

養老　日本の文字の半分は漢字でしょう？　足りなきゃ増やせばいい、字をつくればいい。だから国字ができた。山の上と下で「峠」になった。足りなきゃつくればいいというところには、構築性は要らないですよ。そこで、「新しい字を覚えるのが大変じゃないか」とか、そういうことをあまり考えなかった（笑）。

久石　なるほど。

養老　僕、若い時にこの構築性の問題が非常に気になってね、自然学者の集まり、先生たちが十人くらい集まったところで訊《き》いたことがあるんですよ。「学校で教わらなかったら、世界が決まった数の元素、原子でできていると、自分で思いついたと思いますか？」って。自分で思いついただろうと答えた人は、一人もいなかった。学校で教わるから、そういうものだと思っている。この「そういうものだと思う」というのは、典型的な日本の考え方です。

日本人にとっては、世界が有限の原子の組み合わせでできているという考え方は相当遠いんです。

たぶん日本の学者は、放っておいたら絶対に原子炉にはたどりつかないんじゃないかという気がする。この世界が、すべて有限な要素の組み合わせだ……という発想にはならない。でも、アルファベットなんかを使った言葉を使っていると、有限な要素の組み合わせで、あらゆることが言える。少なくとも、言えることはすべて有限な要素の組み合わせですから。だから、初めからある意味でデジタル思考なんです。

久石　デジタルの世界では構築性しかない。並べて積んでいくしかない。組み替えて全世界を表現できてしまうわけですね。そうすると、不必要と判断するものは切り捨てていかないと成立しないじゃないですか。

為すべきことの意味

養老　僕はロンドン自然史博物館に行ってよく虫の研究をしているんですが、ある虫のことを調べていた時、面白いことがあったんです。

日本の虫なんですが、日本の専門家も外国の専門家も、それは十九世紀の終わりに、あるロシア人が名前をつけたものと同じ種類だ、という見解だった。ところが、僕はそれと非常によく似た標本をパリの博物館で見せてもらった。そちらは一九二〇年にフランスの専門家が名前をつけていた。そこで、こいつはちょっとおかしいなと思った。

生物学では正式な学名が複数ついてしまった場合は、先につけられた方が優先されることになっているんですよ。これを「シノニム」というんですが、二つが同じ種類のものなのか違うのかを調べていたわけです。結局、別の種類だったんですが、そういう時はまたその名前が生き返ることになっている。

その時、古い虫の標本を前にして、僕はどうしようかとちょっと悩んだ。「なんだ?」と博物館の若い研究者の人が言うから、「こういうわけでこれを確認したいんだけど、確認するにはこの標本を解剖しなきゃいけない」と言ったんだ。博物館の標本で、古い大事なものでしょう？　僕がバラしてしまっていいのかな、という気持ちがあったわけですよ。

そうしたら、即座になんと言ったか。「解剖しろ」と。

久石　へえ〜。

養老　しかも、ただ解剖していいと言うんじゃないんですよ。"You should"「しなきゃいかん」と言うんだ。

久石　しなきゃいかん……ほお〜。

養老　びっくりしたというか、教えられた。なるほどなと思った。仕事として考えれば、大事な標本がチャラです。だけど、これを調べればはっきりした事実が一つわかる。だから「しなきゃいかん」と言うんです。

プラグマティズムというのは、こういうイギリスの経験論的発想から生まれているわけですが、そういうところがあの文化は奥深いんですよ。そうせざるを得ないことを、きちんとやらなきゃダメだよと、そこのところは非常に冷めた目を持っている。逆にいえば、プロとはそういうものだと。だから、考えてできる範囲であれば、やってしまうんです。

日本人はそういう時に、別のことをいろいろ考えます。貴重な標本なんだから、残しておくことが大事だろう、とかね。

久石　うん、それはとてもよくわかりますね。それを解剖して得られる知識の方が、大事に取っておいて、長く保《も》たせるよりも価値があるという発想は、日本人にはないですね。

　今の話を伺っているうちに僕も思い出したことがあります。

　数年前にパリのオペラ座にコンサートを聴きに行ったことがあったんです。あそこは歴史的にも文化的にも価値のある建物として世界的に有名です。だから僕はタバコを吸いたかったのを我慢していた。お酒飲みながら、みんなでワーワー言って騒いでいたんですけど、ふと見たらタバコを吸っている人がいる。それで、「タバコ吸ってもいいの？」と訊いたら、かまわないという。「灰皿は？」ともう一度訊いたら、「床……」といって下を指さす。そう言われてよく見ると、あちこちに吸い殻が落ちている。

　善い悪いの問題ではなくて、床はただの石なんだ、そこに吸い殻を捨てることのどこが問題か、という考え方です。

養老　そうなんですよ。

久石　これを日本だったらどうかと考えると、縄を張って入れないようにするとか、あれしちゃいけない、これしちゃいけないという規制がものすごいでしょう。だけど、彼らは普通に使わなくては意味がないと思っている。
　スペインのガウディの作品群も世界遺産になっています。サグラダ・ファミリアは今も建設中ですから多少ロープが張ってあったりもしますが、その他の多くの建物は基本的に自由に入れます。日本だったらまずダメでしょ。ちょっとだけ見せて、「この先立ち入り禁止！」と看板があって、警備員が眼を光らせている。どうして、ありがたがって遠ざけることに価値があると考えてしまうんだろうという疑問があります。

養老　そうそう。まあ石の文化と木の文化の違いもあるけれど、日本は基本的に、わけのわからないモヤモヤの方が大事なんだという思いが強い（笑）。

ハーモニーVSヘテロフォニー

久石　日本人は構築力がないという点は、音楽でもいえると思います。
　たとえば、クラシックで日本人の作曲家として世界的に評価された武満徹《たけみつとおる》さん。

養老　どういう観点から西洋人の評価を受けたかというと、一瞬一瞬の響きの美しさ、その世界観でした。西洋人には出せない音、いわば東洋的な情緒性が認められたわけですね。武満徹さんは日本の現代音楽では画期的な存在と考えられていますが、音楽としての構築性からいうと、オーソドックスな西洋スタイルの人だった。

久石　うん、うん。

有名な『ノヴェンバー・ステップス（November Steps）』（一九六七年）という曲がありますが、尺八と琵琶《びわ》とオーケストラで構成された完全な西洋のコンチェルト・スタイルです。オーケストラがあり、ソロがあり、そして終わり前のピアノのソロ「カデンツァ」に相当する部分を、尺八と琵琶が延々と演奏して締めていく。尺八と琵琶という邦楽器をうまく使った点がすごかったんです。僕はそれに対していいとかよくないと言おうとしているわけではなくて、音楽の形式として斬新《ざんしん》だったわけではない、ということが言いたいんですけどね。

養老　はい、わかりますよ。詩でも音楽でも日本はその傾向があるでしょ。だから日本人の音楽は、構造云々《うんぬん》ではなくて、わりと情感に訴えるようなところが強いんじゃないかという気がします。

久石　もしかしたら、それはハーモニー感覚がないということもあるのかなと思います。

ヨーロッパ人というのは、たとえば街の酒場で酔っ払っているようなオジさんでも、誰かが歌をうたいはじめたら三度でハモったりできるんです。そういうのをずっと普通にやってきているわけです。ハーモニー感覚がもともとあるわけですよ。

日本人は、いえこれはアジア人はと言ってもいいと思いますが、アジアの伝統的な音楽というのは「ヘテロフォニー」という方法になります。

ヘテロフォニーというのは基本的に一つの単音メロディーを、みんながずらして歌いながら唱和していく。誰かがタリータリラリータリータリーとうたうと、そのあとからまた誰かがタリータリラリーとうたい、これを延々とやっていく。ずらしていくうちに、たまたま違う音が音程の中で混じることもあるけれども、それをハーモニーとして捉《とら》える感覚はないんです。

一方、西洋音楽というのは、基本的に調性のある音楽です。象徴的なのがシンフォニーで、提示部、展開部、再現部の三部構成による「ソナタ形式」でできています。形式が非常にはっきりしていて、まさに構築力です。そこからどんどん和音を崩してロマン派へと流れていくわけですが、音楽をメロディーだけで捉えていく感覚はあまりない。

そういう意味で、構築力という視点で考えると、音楽の土台となる感覚の違いがすっきり整理できます。

養老　簡単にいうと、賛美歌と声明《しょうみょう》じゃない？　賛美歌はたいていハモっている。声明はもう完全なユニゾンでしょ。

久石　そうですね、ものすごくざっくりいえば、そういうことになります。

どこにも顔がない音楽

久石　今は音楽もみんなダウンロードで済んでしまうという話をしましたが、実はそういう社会性になってしまったために、音楽をつくる側も、そういうメディアに即したつくり方をするようになっているんです。

以前は歌をレコーディングする時には何テイクか録《と》って、そのいい部分をつないだりしていました。へたはへたなりに、それでもわりとよくうたえた部分が採用されていたわけです。それが今は、プロツールスといったデジタル機器が発達して、機械で全部調整できてしまうんです。リズムを整えるのも、音程が外れているのも全部直せます。極端なことをいえば、僕が一本調子でワーッとうたったとしますね。それでもデジタルで修正することで完璧《かんぺき》なかたちの歌にできる。

つまり今、世の中に出ている歌の大半は、そうやって完全無欠にうたっているように、人工的につくり直されているわけです。

養老　伺っていると、今にカラオケがそうなりそうな気がする（笑）。

久石　それはできるでしょうね。「アー」と声だけ出したら、あとはリズムも音程もすべて機械がやってくれる。

養老　ベースになっているのは本人の声だけ。「アー」だけ出せばいい。

久石　そう。それで「はい、これが僕の歌です」って。何のことはない、歌じゃないですよね、そんなの（笑）。でも、今のデジタル技術を使って音を信号として捉えて変換していく手法を取れば、もう完全に可能なところに来ています。

今、着信メロディーとして流れているポップス音楽は、ほとんど修正されてつくられているので、「へたくそだな」というのはまずない。昔はいましたよね、「なんだ、これ?」と思うくらいへたくそな人も。今はそういうへたな歌は出ていない。みんなうまい。みんな、きちんとしている。けれどどれも似通ってしまっていて、〝顔〟がないんですよ、その曲、あるいはその歌手の――。

送り手側と受け手側とで相乗的にどんどん感覚を鈍らせる方向に走っている、養老さんの言うように感覚を麻痺させる行為を繰り返している、それが残念ながら今の音楽業界の流れです。

養老　僕は、だからこそ歌に何が必要なのかを考えることが大事だと思うんです。音程もリズムも修正されて人工的なデジタルデータとして加工されたものが、はたして音楽としていいものなのか。それは違うでしょうと僕は言いたいんですよ。

学生の時、僕はタンゴが好きで、東京駅の八重洲口のところに汚い、ちっちゃい喫茶店があって、そこでいつもかすれた音でタンゴがかかっていてね（笑）。友だちといつもそれを聴いていました。音の善し悪しとか、そういうことじゃないんですよね。受け手の気持ちの問題が非常に大きいんだけど。

あと若い時、若いといっても中年の頃かな、シャンソンを銀座に聴きに行きました。

久石　銀巴里《ぎんぱり》みたいなところですか？

養老　うん、あれはなんという店だったかなあ。木島さんという人がいて、よく『ヨイトマケの唄』をうたっていた。友だち連れていったら、それを聴いて泣いてるんです。それこそ音程外れていたりしてうまいわけではないんだけど、それでもいいんだよ。

そういえば人を泣かせる歌手が、最近は少ないなあと思う。

空気が変われば感性も変わる

養老　やっぱりそこに聴きに行くからいいのであって、レコードで聴いたら面白くない。食べ物と同じですよ。名物に旨《うま》いものなしというけれど、その土地で飲む地酒が一番美味《おい》しい。土地の雰囲気自体が、こちらの感性を変えてしまうでしょ。

久石　そうなんですよね。

養老　パリで、暑いところで一日過ごして「さて、喉渇《のど》いた、何か飲もう」と思う。いつも東京で飲んでる水割りを飲もうか、と考えたとたん、「あんなまずいもの、よく飲んでたなあ」と思うんですよ（笑）。想像しただけで「まずい」と思うんだから、その時点で明らかに自分の感性が何か変わっているんです。ワシントンで飲むバーボンは「やっぱり旨いなあ」と思うけれど、同じバーボンを日本で飲んでもさして旨いとは思わない。そういうふうに、個人の感性、感覚というのは、場所を変えるとズレる。

久石　大変よくわかります。先週まで僕は、ロンドンでアルバムのレコーディングをしていたんです。ロンドン交響楽団と一緒に。作曲家にとっては夢のようなオーケストラですが、どんな譜面がきても即座に弾けてしまう。非常に機能性の高い、世界最高峰のオーケストラです。

音の鳴った瞬間が、圧倒的に違うんですよ。どの音も、優しくて太い。日本のオーケストラも、すっごく優秀なんですよ。グレードが高い。なんだけれども、音が出た瞬間、やっぱり何かが違うんです。テクニック的なことよりもむしろ「音楽する目的が違うのかもしれないなあ」と感じる、そんな違いがあるんです。

レコーディングしていたスタジオは、アビーロードスタジオ。スタッフもプロ中のプロたち。そういう中にいると、自分の感覚も何かどんどん研ぎ澄まされていくような気がするんです。

その環境の中でたとえば二週間なら二週間、その音を聴き続けていろいろ考えていますと、こちらの感性が日本でやっている時とはかなり違うものになっていることが自分でよくわかります。その雰囲気の中にいると、自分も染まっていく感じといえるでしょうね。

それは僕だけでなく、一緒に行っていたスタッフもそうです。で、日本に帰ってきて、また日常的な環境の中で劇中曲なんかを録音していると、スタッフがちょっとがっかりした顔で「昨日までのあの感覚は何だったんでしょうね？　何か自分の中で感性のレベルがアップしたかと思ってたんですけど、違いました。もう元に戻っちゃいましたってぼやいていました。

そういうもので、ロンドンにいた時の感性で日本も同じようにと思っても、無理なんです。同じように音楽をつくっているんですけど、違うものなんです。やっぱり、環境がこちらの感性を変えているんですね。

日本にいると湿気てくる

久石 たとえば、そのロンドンのオーケストラの人たちを数人日本に連れてきて、日本のオーケストラに入れたとしますね。一週間ぐらいはそのままでしょう。「おっ、やっぱり一味違うな」というものを周囲に感じさせると思います。しかし、それ以上経つと、日本の音になっていきます。

養老 要するに、湿気《しっけ》てくるんでしょ！（笑）

久石 アハハッ、うまい！　不思議なもので、結局、人間は集団に寄り添っていく。それが環境に順応するということなんだと思います。逆もあって、海外のオーケストラであちらの音になって成功している演奏家も大勢います。

養老　ですから、環境は大事ですよね。アートといわれるものには、その風土の総合的なものが表れる。石の家と木の家とでは当然そこで感じるものも違う。乾いた空気と湿気た空気とでも違う。環境、文化、風土、それこそ社会全体のあり方がかかわって成り立っているものです。

　パイプオルガンなんか典型的で、そもそもが西洋の石でできた教会のホールみたいなところで発達しているわけですから、日本に持ってきても合わない。湿度の高い日本ではあっという間に音が変わってしまいますよね。

久石　本当にそうです。パイプオルガンは組み立てるだけでも大変なんですが、日本のホールに置くと、その建物自体が落ち着くのに時間がかかります。その間に狂ってしまいます。調整、調整で、結局使えるような状態になるまでに三年以上はかかるんです。それでも、音が定まらないんですね、日本の場合は。非常にむずかしいものがあります。

養老　そういうことを考えないで持ってきても無理なんだよ。

自分で動け！

養老　うちの娘が、ベルリン・フィルを聴きたいと言って、日本で切符が買えなくてね、向こうに行ってしまえば、何か現地で手に入れる方法があるだろうと出かけていった。

久石　当日券とかありますからね。

養老　そうそう。そうしたら、なんとその公演前日にホールが火事になったんですって。

久石　わあ、それはショックだ。

養老　ところが、公演中止になるかと思ったら、そうではなかった。ホールが使えなくなっただけだということで、急遽《きゅうきょ》、野外で公演することになったんだそうです。そのおかげで、らくらく切符が手に入った（笑）。

久石　それはいい経験ですね。一生忘れないだろうな。僕、音楽ってそういう体験が大事だと思うんです。携帯で、いくつかボタン押すだけで簡単に手に入ってしまう音楽には、そこに自分の思い入れがない。すぐ飽きてしまう。

何でもそうですけど、自分で動いて自分で努力したものは、簡単に捨てたりやめたりできませんよ。最初はダウンロードして聴いたというのでもいいから、それがきっかけになってそのアーティストのファンになって、ＣＤ買って、コンサートがいつどこであるというのを自分で調べて、チケットを買って、聴きに行く。音楽を一番感動的に聴く方法は、そうやって自分で努力すること。そうしたらその音楽は忘れられないものになります。

養老　そうですよ、自分でかかわっていかなきゃいけない。今の人はレールが敷かれたところ、舗装された道しか歩かないから、面白いものと出会わないんです。面白いものは舗装道路にはない。

　僕は小学生の子どもたちを虫捕りに連れて行ったりするんです。といっても、僕は自分がただ虫を捕りたいだけだから、子どもたちはボランティアの人たちが面倒みてくれるんですけどね。二十人ぐらいの子どもたちを連れて行く。そして僕は一人で勝手に茂みとか虫のいそうなところにどんどん入っていく。しばらくして戻ってきてみると、全員が道の上にいる。子どもが山へ虫捕りに行って、道から出ないんだよ。だから「道は虫が歩くところじゃない。虫を捕りたかったら道から出ろ」とか、そういう途轍《とてつ》もないところから話をしなきゃいけない。

久石　日頃からよっぽど、「道から外れないように」と仕込まれているんですね（笑）。

第三章

いい音楽とは何か

作曲の胆も閃きにあらず

久石　唐突な質問ですが、いい音楽と悪い音楽はどこで分かれるんですか。

養老　それは僕もわからない。一ついえることは、いいといわれるものには「持続的である」という要素が入ってくることでしょう。その場限りのものはやっぱりよくない。どのくらい尾を引くか、というところが大事なんじゃないかな。

久石　それは聴く側にとって、ということですね？

養老　はい、そうです。

久石　たとえば、もう一回聴きたくなるとか、頭の中でそのメロディーがぐるぐる回っているとか、そういうことも要素としてあるんでしょうか。

養老　そうだねえ、何かにたとえるなら、ピンボールっていうの？　球がポンポン跳ねて、ぶつかるゲームがあるでしょ。あれ、たくさんのポイントに当たって長時間、跳ねをキープできるほどいいわけでしょう？　脳みその中で、あんなふうにポンポンポンポンあっちに跳ね返り、こっちに跳ね返り、となるのがいいんじゃないかと思いますね。

久石　なるほど。

作曲の仕事をしていると、「その閃《ひらめ》きはどこから出てくるんですか？」とか「どんな時にいいメロディーが閃くんですか？」といった質問をよくされるんです。でも正直なところ、困ってしまうんですね。僕自身は別に閃きだけで音楽をつくっているつもりはないので……。音楽というのはドレミファソラシドの中にある12の音を組み合わせていくしかないわけです。要するに、作曲とは限られた音の中での構築作業であって、何かパッと閃いたものを次々出していけばいいというものではない。

モチーフとなるメロディーとかリズムとか、そういう一つの取っかかりは確かにあります。でもそれは、とりとめのない思いつきでしかない。それをどうしたらうまく形にできるか、どうやったら有機的に結合させていけるのか、そういうことを考えながらつくっているんです。そういう意味では、けっこう地道な作業なんです。そうはいっても、あまり必然的な動きばかりに捉《とら》われてしまうと、まったく面白くないものができてしまいますし。

養老　建築と一緒ですね。建築も空間の中に構築しなくちゃいけないけれど、同時に何らかのインパクトを与えなくてはいけない、両面持っています。それと同じだと思う。

久石　ええ。たとえば、二十世紀を代表する作曲家といわれたオリヴィエ・メシアンの『トゥランガリーラ・シンフォニー』という大曲があります。大オーケストラが一時間二十分ぐらいかけて必死に演奏する曲ですが、一人の人間がある限られた時間の中でこれだけのスコア（譜面）を書き上げるのは大仕事。まさに巨大建築物を造る行為と似ていると思います。

作曲もまた人工的なものをつくり上げる行為である――そう考えると、いい音楽をつくろうとすることは自然なことなのか、あるいは「脳化」の賜物《たまもの》なのかという疑問が湧いてきます。つねにそういう葛藤《かっとう》の中でつくっているんです。でも、これは説明してもなかなか理解してもらいにくいところなんですよ。

偶然をつかまえる力

養老　僕なんか閃いたことがありません（笑）。というのは、自然の中で何かを発見するというのは、僕が閃くわけではなくて自然が閃くことばかりだから。予期せぬところでとんでもない虫が捕れるのも、向こうが勝手に閃くからですよ（笑）。

四国の西の方で捕った虫と東の方で捕った虫が違う。「こんなところにこんな虫がいるはずないじゃないか」といくら言ったところで、そこで見つけてしまったのは事実なんです。そこから「一体どうなってるんだ？」ということで調べていくといろいろわかるんであって、「四国では東と西で虫の分布が違うはずだ」なんていって虫を捕りに行くわけじゃない。あっと思うことが自然の中にはたくさんある。全部相手が閃かせてくれる。それで、僕は虫を相手にするのが好きなんです。

久石　自分が閃かなくて困っている人は、みんな自然の中に出て行けばいいんです。よくわかりますね。その状況の中で偶発的に起きたことというのは何か化学反応を引き起こしたりしますよね。

作曲の時にコンピュータを使っていますが、コピーペーストの作業の間にミスが起きて、予定してないところで音が重なってしまったりすることがあるんです。アシスタントの人が「あっ、すみません」と言って急いで直そうとするんですけど、「いやいや、そのままちょっと聴かせて」とそれを聴いているうちに、何かヒントをつかめることがあったりします。そんなふうに意外なところで面白いことを見つけられると喜んじゃう（笑）。あらかじめ頭の中で考えていたとおり、予定調和の中で収まって曲ができてしまうより、そういうアクシデントみたいなこととの出会いがあった方が面白いものができる可能性が高いんですよ。

養老　科学の世界でも、実験中のちょっとしたことがきっかけで思わぬ発見、発明になっていくようなことは多々ありますからね。たとえば、染色体をみるために、皿の上に細胞を培養して平たくして、それにただの水を入れて細胞をパンクさせてみると、染色体が非常によく見えるということが発見された。徐道覚さんというアメリカにいる中国人の教授が発見したんですが。

培養細胞を栄養液に入れる時に、スタッフが間違えて水を入れてしまった。それで全部おシャカにしちゃったんですよ。その時に「ちょっと見てみよう」と見てみたら、分裂する細胞の染色体が非常によく見えた（笑）。それがきっかけだった。

そこで、ああ失敗した、といって捨ててしまう人には絶対見つけられないでしょ。何かを発明、発見していくには、そういう偶然をつかまえる能力が根本にないとダメなんです。

久石　科学的な実験でもそうなんですね。

創作の二面性

久石　養老さんに聴いていただこうと思って、今回ロンドンでレコーディングしてきた曲を持ってきました。今流している曲は『The End of the World（ジ・エンド・オヴ・ザ・ワールド）』の第三楽章です。

そしてこちらが、僕が書いたスコアです。上からフルート、木管楽器、金管楽器、打楽器、ハープ……といろいろ並んでいて、一番下の部分が弦です。弦は人数的には多いんですが、みんな同じことを演奏するので譜面にするとこれだけ（五段分だけ）です。

養老　フルートから始まりましたね。

久石　ええ、今、ホルンとビオラがメロディーを演奏しています。これは十一拍子です。……そしてコーラスが入る。ここは十七拍子。

養老　この譜面はほとんど判じ物の世界だ（笑）。プロの演奏家はこれを見ると、ちゃんと音が聴こえてくるんですか？

久石　そうですね、演奏できるんですね。

養老　僕には上がり下がりしかわからない。

久石　今度は『Sinfonia（シンフォニア）』という曲の第一楽章「Pulsation（パルゼーション）」です。これは四分音符、八分音符、十六分音符、三連音符といった音型だけを単純に組み合わせています。レの音を基準にして、五度、五度、五度とあげていって一回りして12のバリエーションで終わっていく。ものすごくシンプルな構造で、完全なワンアイデアです。リズムを組み合わせて、システムをつくるだけなんですよ。『The End of the World』でやろうとしたこととはまったく違った世界、機能性だけが勝負になります。両者の違いがわかっていただけるかと思います。

養老　『The End of the World』には意識的な志向性がありますね。どっちかというと情緒的。『Sinfonia』の方は論理性の追求ですね。

久石　はい、まさにそのとおり。『The End of the World』はタイトルから察しがつかれるかと思いますが、アフター9・11《ナイン・イレヴン》をテーマに書いたものです。ある種伝えたいことがあって、その認識を持って作曲するというやり方。一方の『Sinfonia』の方はそういうエモーショナルなものに基づいているわけではなくて、純粋に時間軸上に建築物を造るような作曲のやり方です。『Sinfonia』に対して、「これはどういうテーマでつくられた曲ですか?」と訊《き》かれてもすごく困る……。答えようがないんです。なぜなら、この曲では純粋に音楽的なことだけしか扱っていないから。今の社会性を出そうとか、何かを訴えようとかいったことは一切考えていないわけです。

そこに運動性だけがある

久石　『The End of the World』の方がわかってもらいやすいんですよ、メッセージ性がある分だけ。『Sinfonia』のようなものは、あまり一般ウケする音楽ではないことはよくわかってるんです。わかっているんですが、僕自身は、こういう方向性の方が次の可能性がよく見える。

エモーションがあってつくっているものは、また何かを契機に強い刺激を受けて、それを音楽として表現したいという欲求があればつくりますが、それがすぐまた来るのか、ものすごく先のことになるのかまったくわからない。作曲家として継続的に音楽をつくり続けていくためには、そのいつになるかわからない「いつか」を待っていたんではダメです。その点、音楽としての構築性を追い求めるのであれば、いつでも追求することはできる。継続的、持続的かつ沢山つくり続けることが大切だと考えます。

映画音楽とかテレビのテーマ曲、コマーシャル音楽といった依頼された曲はクライアントからはっきりした意図を示されて注文に応じてつくるものですから、また少し別ですけどね。少なくとも僕自身の作品として世に出すものについては、ということです。

養老　僕は今、全然違うことを考えて聴いていました。僕が部屋で聴くとしたらどうか。『Sinfonia』の「Pulsation」の方が作業の邪魔になりません。聴きながら、虫の標本をいじったり、考えてたりしている時に、こちらの方がいい。

久石　邪魔にならないですか？

養老　はい。押しつけがましくない。

久石　養老さんにそう言っていただけてとてもうれしいなあ！　それは僕にとって、最高の褒《ほ》め言葉です。そうなんです、エモーショナルなものが入ってしまう方が、うるさいんですよ。もちろん音楽としてはどちらも自信を持ってつくっているわけですけど。自分でいいと思ってつくって、CDにしたりコンサートで演奏している曲に対してこんなことを言うのはおかしいと思われるかもしれませんが、なんと言ったらいいのかなあ、やっぱりある意識が介在している分、音楽として純粋なものではなくなってしまうようなところがある、僕はそう思うんですね。

養老　意識というのはいわば偏見ですからね。邪魔にならないというのは、どうでもいいやと聴き流してしまうのとは違う。さっき、ピンボールみたいに脳みその中で跳ねて飛ぶ音楽がいいと言いましたが、ピンボールもへんに意識しないで球の運動性だけ考えた方がいいからね。意識して「高得点を取るぞ」とりきむと、ぎこちなくなってすぐダメになっちゃう。

久石　音楽性だけを追求すると、感情がいつでもそこに対して等距離でいられる。たとえばレコーディングの時、「Pulsation」に対してオーケストラのメンバーは最初ちょっと戸惑ったみたいなんです。というのは、僕に対して映画音楽をやっている人間という認識が強かったんでしょうね。宮崎駿さんや北野武《きたのたけし》さんの映画はヨーロッパでもとても人気が高いし、滝田洋二郎《たきたようじろう》さんの『おくりびと』がアカデミー賞をもらったりして、そっちの方で僕の曲をよく知っていたから。それとまったく異なる世界観をぶつけられた戸惑いだったんだと思います。でも、音を出してからは、こちらからは注文つけることはほとんどなかったですね。

養老　自動的にからだが動いて弾けちゃうんだ。

久石　ええ。団員の方から積極的にリズムを出してきて、「この八分は長さはこのくらいでいいのか？　もっと短くするか？」といったことを訊いてきて、僕の仕上がりイメージとのブレがなかったですね。

　つまり、作曲する時に僕自身フラットな状態でいられますし、オーケストラのメンバーもフラットな感情で演奏できます。おそらくは、聴く側もフラットでいられるんではないかと思います。

古典の基本である和声学という考え方のもとに、ある定まった音楽的な形式でシステムが構築された中で非常に機能性を考えてつくられた音楽は、人の邪魔をしません。運動性がそこにあるだけだからいいんですよ。

モーツァルト効果の眉唾

久石 実は、バッハやモーツァルトというのは結果的にそういう音楽をつくっているんです。

養老 そうそう、単に結果的にそうなっているだけなんだ。最近、「モーツァルトを聴くと頭がよくなる」とか言うでしょう？　モーツァルトがそんなことを考えてつくっていたか、というんです。たまたまモーツァルトの音楽が持っている特徴のいくつかが、人間の脳にいい作用をもたらすらしい、というくらいのことしか言えるはずがないんです。

そもそも我々は、意識というものが何なのかもわかっていない。世の中の人はみんな、医学は自然科学だと信じているでしょう？　今の時代、かなりのことが科学的に判明していて説明できるようになったと思っていますけど、まったくそんなことはない。

たとえば、麻酔薬のような化学物質を人体に与えたら、なぜ意識がなくなるのか――。そんなことを説明できる医者はいません。もちろん麻酔薬の構造はよくわかっていますよ、ただし、それを投与したらなぜ意識がなくなるかという科学的な説明はできないんです。僕の後輩で中田くんという人が、意識の研究をやろうとした。学生の時に麻酔科の教授に「先生、麻酔をすると、どうして意識がなくなるんですか？」と訊いたら、教授が途端に機嫌が悪くなった、って（笑）。

意識というものの科学的な定義がない。方程式はそこにない。だから、人体にある化学物質を与えたら、なぜ意識が消えるかという説明なんかできるはずがないんです。

ではどうして麻酔薬を使っているのかというと、今まで使った患者は、この程度の量使ってちゃんと意識が戻ったから大丈夫だ、という経験的な事実だけです。「戻らない人がいたらどうするんですか？」と訊かれたら、「それは特異体質ですからどうしようもありません」と答えるしかないんです。

だけど、患者さんや家族はそうは思っていない。麻酔薬を投与するというのはきちんと科学的にコントロールされて、何か理屈にあったことをしているに違いないと思っているでしょう?

久石 ウソっぽちなんですよ。

養老 ええ、当然、根拠のあることを説明してもらえるものだと思っていますよね(笑)。「モーツァルトは胎教にいい」とかいうのも同じこと。胎児はお腹の中で母親の音を聴いています。これははっきりと科学的に証明されています。だけどそれは胎児がモーツァルトを聴いているということではなくて、お母さんがそれを聴くことで何か落ちついた気持ちになれる、それがおそらく胎児にも反映される、ただそれだけのことです。

赤ちゃんは胎内で何を感じとっているのか

養老 たとえば、胎児は生まれる前から母国語がわかっているといわれています。フランスで行われた実験ですが、生後まもない新生児にフランス語の録音テープを聴かせて、その反応のパターンを調べた。今度はそのテープを逆回しして聴かせたところ、全然反応しなかったという。同じことをロシア語でもやってみたところ、普通に流しても、逆回しをしても反応しない。子宮の中で聞こえている音は、僕らが普段聴いているようなこういう音の聴こえ方ではないだろうということで、高周波域をカットするフィルターを使って実験してみてもやっぱり結果は同じで、おそらくお母さんの胎内で母国語のイントネーションを聴いているんだろう、という話なんですね。

日立製作所が「光トポグラフィ」（近赤外光を用いた脳の計測装置）をつくった時に、新生児につけて、そういったことをいろいろ実験しています。

久石　そうやって調べていったら、絶対音感のこともわかるでしょうね、言語野と聴覚野のしくみとか。面白そうですね。

養老　うん、絶対音感についてもいろいろ実験していると思いますよ。

今言った胎児の時から音が聴こえているというのは、お腹の中にいる時から赤ちゃんに物語を読んで聴かせていた場合、生まれてからも読み聴かせをすると赤ちゃんの心拍数が安定するといったことでもわかっています。

よくいわれるのは、お母さんの心音を聴いている、という話。聖母子を描いた絵画の七割が子どもを左に抱いているんですよ。左胸に子どもの頭が来るので、心音が聴こえやすいからじゃないかといいます。しかも右手が空きますから、作業をしやすい。人間が基本的に右利きなのはそのせいではないかという説もあります。そのへんは本当かウソか知らないけど。

久石 なるほどね。

養老 あるいは、不快感のようなものも伝わっている可能性はあります。それは聴こえているというより、母体の体液の変化でしょうけど。夫婦げんかをして、お母さんにアドレナリンが出る、それで血圧が上がる、といったことなんかがおそらく影響します。

ただ、それがいいか悪いかは知りませんよ。お腹にいた時から親がけんかばかりしていたから、お陰さまで耐性がつきました、という子になるかもしれないし（笑）。やかましい所で育てたら、ノイズに対して強くなるのか、敏感になるのか、それもわからない。うるさい環境の方が落ちつくなあということもあるんじゃないですかね。

久石 香港の人がそうですからね。香港って街も騒がしいですけど、みんなよく喋《しゃべ》ってとても賑《にぎ》やかな人たちです。香港が中国に返還されることになった時、有産知識階級の人たちの中には、中国共産党の仲間入りなんかごめんだといってカナダに移住した人が多かった。あの頃、カナダの中国人にもっとも売れたテープ、何だと思います？

養老　香港のノイズですって（笑）。食べ物屋の音とか、街中の音、人々の話し声といったものが飛ぶように売れたそうです。香港から移住した中国人にとって、大自然に囲まれたカナダの異常な静けさが落ちつかなかったらしい。うるさくて耳が痛いんじゃなくて、静けさが耳に痛かったんですよ（笑）。

そういうこともある。だから、物事はどっちがいいとか悪いとか一概に言えないんです。だいたいどっちであっても人生は損得なしだ、というのが僕の意見ですけどね。

時間軸上の構造物としての普遍性

久石　養老さんのお話で、モーツァルトが特別に情緒的な音楽というわけではないことがはっきりしてほっとしましたよ（笑）。

モーツァルトは多作の人でした。三十五歳の若さで亡くなっていますが、断片的なものも含めると七百曲以上つくっているんです。バッハも作曲が早くて、朝起きて、食事前に「はい一曲できた」みたいな感じだったようです。

それは、安易につくっているということではないんです。非常にフォーマットが整っていて機能性に富んでいた音楽のつくり方だったから可能だった。ソナタ形式だったら「機能和声学」という楽曲をつくるところのよりどころがはっきりしているため、あとは技術的な必然性のもとに詰めていけばどんどんつくれた。機能的だったから多作が可能だったんです。

音楽は、やっぱりシステムづくりが肝心なんです。完璧《かんぺき》なシステムをつくれれば、それだけバリエーション豊かに、たくさんの曲をつくり続けることができる。そういう意味での大量生産が可能になる。

モーツァルト自身は、当時としては、ちょっとアヴァンギャルドだった。「この調から、こんな和音を使うか?」みたいなことも書いていて、一時ウィーンの聴衆が離れてしまってなかなかコンサートを開けなくなったりもしています。ところが、もっと大きい視点からみると、非常にシステマティックな中で動いている音で、情緒的な共感といったものを求めるところでできてないんですよ。

フォーマットのできた音楽であればあるほど、音自体の持つ運動性が、すごく重要になってくるから、時間の上につくる構築物としては、非常に強固なものができる。そして、システムが強固であればあるほど、それ自体が独立したものとして存在するから、作家の強い意志を表現するとか、そういう問題ではなくなる。

僕は音楽というのは、つくった人間の強い意識というものから離れてくれることが、重要なことだと思っています。もちろん、「これは、俺の書いた曲！」というのを主張したい人は、それはそれで構わないですけど、僕自身はそうではありたくない。

一つの音をポンと時間軸上に置いた。そこからさまざまな有機的な結合をして、時間の中で音楽が構成されていく、その構築作業が始まった瞬間から、それは客観的なものとしてつくられるのが、最高のいい音楽だと僕は思います。もちろん、なかなかそううまくはいかないんですけれども。

そういうことでいえば、モーツァルトは、時間軸上で客観的に構築された傑作だからこそ、時代を超えて普遍的ないい音楽になりえたのではないかと僕は思っているんです。

養老　ずっと話を伺っていて思うのは、久石さん、建築家と話をされると非常によく通じるんじゃないかなということですね。

久石　Ｔｈ・Ｗ・アドルノという人の書いた『新音楽の哲学』という本があります。学生時代に読もうとしたんだけど、あまりに文章が難解で挫折《ざせつ》して、今度こそと思って今読んでいるんです。アドルノはユダヤ系ドイツ人で、いかにもドイツ人らしい哲学的思考に照らして、いい音楽のあり方を書いているんです。

アドルノは「シェーンベルク」と「ストラヴィンスキー」を中心に書いているのですが、昔からドイツの哲学者が認める音楽は、バッハからベートーヴェンまでなんですよ。基本的なラインとして、そこまでしか認めない（笑）。なぜかというと、時間の中での構築物として論理性がはっきり分析できるから。そういう形できちんと論評できる、客観視できるようにつくられた音楽が、哲学に値する音楽ということになる——というわけです。

時代が下ってドヴォルザークあたりになると、そういう形式が少しゆるんでくる。もう少し情動というものを出すようになる分だけ、客体化できる要素が薄いといいましょうか。

養老　そのあたりは我々の論文の書き方もよく似ています。

音楽の刷り込み

養老　音楽というのは、受け手の問題も大きいでしょう。

久石　そうなんですね。聴いて心地よく感じるというのを一つの定義にするんだったら、音楽は非常にわかりやすくなります。ところが、実際には音楽性云々《うんぬん》の問題ではなくて、その人がどこでどのようにその音楽を聴いてきたか、みたいなことが大きく作用します。

　この間、ドヴォルザークの『新世界より』をコンサートで指揮したんです。クラシックに馴染《なじ》みのない人も「あっ、知ってる、知ってる」と反応する。「下校の音楽だ」って言うんです（笑）。第二楽章の「家路」として有名なあの部分。「さあ帰ろう」という気分になって、お客さん、いなくなっちゃうんじゃない？（笑）

養老　幸い、それは大丈夫でしたけど（笑）。クラシックというだけで抵抗があるという

久石　人も、「あ、これ、下校の音楽じゃないか。知ってるよ」となるだけで、みんなスッと入っていけるんです。下校の時に流れていた曲だから、勉強から解放されるイメージとつながっているのかもしれない。そういう意味でも、緊張しないで気持ちをゆ

るめて聴くことができる。

つまり、音楽は、使われ方でその人との関係性が変わってきます。

では、たとえばある音楽が捕虜収容所で毎日流れていたらどうなるか。毎朝、これから強制労働に行かされる時に音楽が流れる。だいたい労働をさせるための歌というのは明るく元気なものなんですが、どんなに陽気で明るい歌でも、毎朝それを聴くたびに「ああ、今日もまたあの苛酷《かこく》な一日が始まる」と思ったらゾッとする。これほど嫌な曲はないでしょう。

もっといえば、ガス室送りになる人を召集するための音楽がナチスの収容所にあったとする。それを合図に出て行った人はもう二度と戻ってこない……。そうすると、最初は美しい曲だと思ったとしても、その音楽が天使の声のように綺麗《きれい》であればあるほど、恐ろしい。まさに悪魔の音楽として焼きつけられます。万一奇跡的に生き残って収容所から出ることができたとしても、その音楽が流れた瞬間、その体験をしている人は身がすくんで動けなくなるでしょう。

それは音楽そのもののせいではありませんよね。状況と結びついたものであって、音楽の内容がどうだからというものではない。つまり、音楽の感じ方というのは、過去の体験とどう結びつくかで人によって受けとめ方がすごく違うわけです。

養老　条件反射ですね。僕も今、思い出した。子どもの時、空襲警報でサイレンが鳴ったのを聴いて育っているから、三十歳過ぎまでサイレンが聴こえると不安になりました。お昼にサイレン鳴るでしょう？　あれがダメだった。最近はさすがに直りましたけどね。完全に条件反射、パブロフの犬ですよ（笑）。とくに音楽の場合、覚えやすいから、一層それは強いんじゃないですか、それだけ強力に条件反射が成立してしまう。

久石　どうしてもそうなりやすい。いい音楽とは何かという定義づけができないのは、そういう面も複雑に絡んでくるからでしょうね。

人の情動を煽る音楽

久石　その昔、ギリシャのピタゴラス派では、「あっていい音楽は世の中に二種類しかない」ということを言いました。人の情動を煽《あお》ったり、遊興を誘うような音楽はあってはいけない。あっていいのは、戦いに行く時や、みんなが団結しなければならない時に、それぞれの勇気を鼓舞するもの。それから平和な時に、より人の話に耳を傾けるような目的のためのピースフルなもの。この二種類だけであると。

養老　それと似たようなテーマで書いたのが、トルストイの小説『クロイツェル・ソナタ』です。人の情動をあれだけ強く、しかも無意味に動かすのは犯罪に近いということを書いた。それも一理あるのは、その後しばらく経ってヒットラーが出ましたからね。

久石　そうですね、ナチスの行動の精神的バックボーンは神話と音楽だった。ヒットラーはワーグナーを愛した。

　ワーグナーは歌劇王という異名がありますが、つくった楽曲はほとんどすべて楽劇なんです。シンフォニーでもないのに、よくあれだけ複雑なスコアを書けたなというぐらいに精密です。すごい感性ですよ。そして人の情動を煽るものがすごい。人物としてもかなり山師的な人で、ルートヴィヒ二世だとかいろんな人をだましては、バイロイト祝祭劇場のようなものを建造してしまうようなところがあった。そういう異才の人だった。

　ヒットラーは、そうしたワーグナーの音楽の中に、帝国の夢を見た。そういう夢を見させる力があったわけですね。

　実は、ソヴィエト共産党体制下における音楽のあり方も、ピタゴラス派がいうような、情動を煽ったり、遊興に誘うような音楽はダメ、勇気を鼓舞するものでなければいけない、という発想なんです。中国共産党も同じ。その発想は、共産主義に生き残るんです。北朝鮮なんかは未《いま》だにそうですよね。

あるいは、宗教的な洗脳に利用することもできてしまう。僕がそれを痛切に感じたのが、オウム真理教の麻原彰晃です。選挙に出馬した時にへんな歌をガンガン流しましたね、「ショーコー、ショーコー、アサハラショーコー」というどうしようもない歌！　街中で大音響で繰り返し流されたことで、頭の中に焼きついてしまって離れなかった。ほとんど呪縛でした。しかもあの歌に合わせて、真っ白な服を着た女の人たちが踊っていて、視覚と聴覚の両方から入ってきたからいっそう強烈だった。五十のものを百にしてしまえるようなところがあったわけです。

このように、音楽が政治や宗教にしばしば利用されてきたのも、それだけ音楽には人心を煽る力が宿っているということですよ。

文章のリズム、譜面のリズム

養老　以前、慶應義塾《けいおうぎじゅく》大学の教授の佐藤雅彦《さとうまさひこ》さん、あの人は「バザールでござ〜る」といったＣＭなんかのクリエイターでもあるわけですが、彼が最初に浮かぶのは「リズム」

だと言っていました。十五秒のコマーシャルだったら、一秒あたり30コマ、トータル450コマの中でリズムの絶対軸を変えないことが成功の秘訣なんだとか。数年前に聞いた話だから、今は少し違うかもしれませんが。

久石　リズムは重要だと思います。

養老　文章でもリズムが大事ですね。僕はわりとリズムが気になるんです。

僕は文章を書き出した若い頃は、原稿用紙に楷書《かいしょ》で手書きしていましたが、途中で直したいところが出てくるでしょう、そこで線を引っぱって枠外に書き込むのが嫌でねえ……。文章のリズムが狂うからです。何か直しを入れたくなると、そのたびに頭からまた書き直していた（笑）。何度も書き直したり加えたりしていると自分の文章の持っているリズムが壊れてしまうので、その先どういうふうに書いたらいいかわからなくなる。だから、長いものが書けませんでした。

古い人に聞いたら知っていると思いますけど、昔の作家や文筆家はゲラの段階でやたら手を入れていた。あれは原稿が手書きだったから、ゲラにならないとリズムがつかめなかったからじゃないでしょうかね。

その点、今はパソコンになって非常に楽になりましたよ。ワープロができて、まだ百万くらいしていた時代に、これはいいと思って飛びついて買いました。

文章の基本はリズムですよ。読みにくい文章というのは、根本はリズムが合わないんです。

久石　わかりますね。他の人がいいという本でも、どうもリズムが合わないことってありますからね。

音楽も近いところがあります。いいスコアは綺麗なんですよ、音符の配分が。ぱっと見てわかる。完成度の高い曲は音符の並び方がどのページを見ても美しい。いろいろな楽器の絡み方なんかも含めて、すべてがそこにあるべき形のように見えてくる。

自分で書いていてそういうスコアが仕上がった時は、かなりうまくできた日です。だけど人間ですから、調子のいい日もあれば、悪い日もあります。悪い日はどういうことが起こるか。自信がないせいか、音の数が増えて全部真っ黒に埋めているんです。不安だから、どんどん楽器を重ねてしまう。音が多すぎて譜面が真っ黒に見えてしまうような時は、できがいまひとつです。

養老　昔、中島敦《なかじまあつし》の原稿を見たことがあります。あれにはびっくりした。見事な原稿でした。楷書で、ほとんど書き直しがないんです。でも、ああいうふうに書くためには、おそらく何度も書き直しているはずなんです。

久石　数学者もよく、定理や理論は美しいほどいいといいますね。

養老　そうですよ。ラジオ体操でもなんとかエクササイズでも、音がついてリズムがあるからできる。あれ、音がなくてただ目で見て真似しろといってもできるようにできませんよ。

生物の基本は螺旋活動

養老　視覚に表れるリズムって「螺旋《らせん》」なんですよ。

久石　そうなんですか？

養老　戻っていくでしょう。横からみると戻ってないんですけどね、絡んでいったり、下がっていったり。でも上から見ると完全に戻っている、時計と同じ。『唯脳論』（ちくま学芸文庫）にも書きましたが、解剖学者であり形態学者であった三木成夫《しげお》先生は、よく「形の真髄はリズムである」と言っていました。生物の基本にはすべからくリズムがあるということで、物事のリズムを徹底的に追究していた。

　螺旋活動は生き物の基本なんです。卵が親になる。その親が卵を産んで一回り。ただ同じところをぐるぐる回転しているわけではなくて、それが時間の経過と共に少しずつズレていく。

たとえば進化の話をする時に、五億年前はシーラカンスみたいな形をした魚だったものが人間の原型なんだというと、普通の人は「そんなバカな話があるわけないじゃないか」という反応をします。けれど卵が親になり、その親が卵を産んでというプロセスを延々と続けて、それが時間軸の中で次第にズレていって、その過程でまさに自然界がさまざまな形で「閃き」、その積み重ねでちょっとずつ変化を遂げてきたわけですね。そうやって五億年かけて人間になった。その生物としての進化の運動性は、円運動にズレが生じていくわけですから、螺旋状になる。

久石　そうか、その「ズレていく過程」に関与するのが「時間」であるわけですね。

リズムの基本は円なんです。指揮者というのは指揮棒を上下に振り回しているように見えるかもしれませんが、上下の動きではなくて基本は円です。だから、指揮の勉強を始める時に最初にやる練習は、ただただ円を描く練習なんですよ。それから加速をつけるトレーニングをしていきます。円だから、振り下ろしたら反動で次にすっと上がる。そうすると、そこに点が生じる。これが一拍目の合図なんです。

単純な上下運動では指揮にならない。なぜなら、演奏者は次の予測がきかないから。基本が円運動だったら予測がつき、経験に則ってこの点に向かってみんな息を合わせて演奏できると最近考えています。百人のオーケストラでも合わせることができるわけです。

円運動が時間軸でどんどん動いていく、しかし音楽は目に見えないからその構造がわかりにくいということですね。

養老 そういうこと。指揮者が同じところに立っているから誤解するんだ（笑）。

久石 時間と共に動いていけばいい？（笑）

養老 そう。あんな方までいっちゃったというのが見えると、もうそろそろ終わりだろうっていうのもわかる（笑）。

久石 それいいですね（笑）。うう〜ん、螺旋というのは確かにすべてにつながる言葉ですね。

第四章

意識は暴走する

現代音楽の歴史は脳化への道だった

久石　今の螺旋《らせん》の話を僕は大変面白いと思ったのですが、それは僕自身の音楽性にも絡んでくるし、現代音楽の歴史もまたそうだからなんです。

僕は二十代の頃は「ミニマル・ミュージック」をやっていました。これはどういう音楽かというと、たとえば「タカタカタカタカ」という一つの音型があると、永遠に繰り返すだけなんです。基本的に金太郎飴《あめ》みたいな構造（笑）。もちろんそれだけでは音楽とはいえませんから、変容させていく。たとえば一つの音型に同じ音型を重ねて、さらにもう一つ重ねて、それをちょっとずつズラしていく……といった具合です。これをずっと続けていくといずれぐるりと一周して戻って、元の音型になる。運動性を繰り返しながら時間の中で進んできているわけですから、まさに螺旋活動なんですよ。

ミニマル・ミュージックというのは、クラシック音楽がさまざまな手法で音楽の方向性を突き詰めていった結果、もうどうしようもないところまでいってしまった中で、アメリカから始まった一つのスタイルです。

これは社会全体の進化と一致した問題であって、おそらく音楽だけではなく他の分野でも見られる傾向だと思うんですが、クラシック音楽の世界もさまざまな可能性を模索した挙げ句、二十世紀に入って行き詰まってしまった。音を構築しすぎてしまったんです。十何連音符で不協和音を「ビャ〜」とかやるようになって、もうリズムも調性もない。スコアは音符で埋め尽くされて真っ黒といった状況だったんですね。

つまり養老さんがよくおっしゃる「脳化」という言葉を用いれば、完全に「脳化音楽」になってしまったんです。都市が進化しながら行ききるところまでいって、人間の生活システムも行くところまで行って、頭の中で創造した世界をつくったのと同じことを、音楽でもやってきてしまった。

それで、これはちょっと違うんじゃないかということで、一九六四年頃にアメリカに起こったのがミニマル・ミュージックで、そこには調性があり、リズムも重要だったので、民族音楽なんかにも注目するようになったのです。

どんな名曲であっても、作曲家が人工的につくり出す音楽には、始まりがあって終わりがある。ところが、伝統的な民族音楽には始まりも終わりもないんですよ。一分聴同じような音型をみんなで「ア〜〜」とかやりながら、延々と続けていく。一こうが一時間聴こうが、音楽の構造として変わってない。シンプルなリズムを生かした民族音楽にある、もっとも自然で根源的な音楽の形を取り入れようとしたわけですね。

僕はミニマル・ミュージックと出会って「ああ、ここには音楽の可能性がまだあるじゃないか」と思ったんです。

ただ、ミニマル・ミュージックというのは芸術的なんですが、社会的な需要はない。誰を相手にしているかわからない音楽という意味では、それまでの現代音楽とあまり変わらない。それよりは一般の人が聴いてくれる音楽の方がよっぽど価値があるんじゃないかと考えて、あるとき「街中の音楽家になる」ことにしたんです。

今あらためて考えると、脳化の道をひた走ってきた現代クラシック音楽の歴史は、「始まりがあって、盛り上がって、終わっていくというプロセスからいかに脱却した音楽をつくるか」という歴史でもあった。

でも、螺旋活動というのは、根本的に絶えずある。始まりがあって、終わりがあるのは、人が生まれて、死んでいくのと同じ。音楽も人の一生と同じなんですよね。「螺旋」という話を伺って、そんなことを考えました。

現代は意識中心主義

養老　いろいろな業界がそうです。科学もそうなんですよ。

久石　そうですか？

養老　うん。今の科学は基本的に十九世紀の末にでき上がったものをずっとやってきて、実験室で実験することで実証できると考えてきた。

たとえばヒューベルとウィーゼルという人が行った実験は、壁にスライドで単純な図形を映して、脳の神経細胞に電極を刺したネコに見せるというものです。ネコの脳の中で十字なら十字の図形がどう処理されていくかということを調べて、非常に論理的に証明した。

僕もそれには素直に感心するんですよ、もちろん。すごいなあと思う。だけどそのあとに湧いてくる疑問は何か。「ネコってこんなふうにものを見ているか？」ということなんです。「壁に浮かんでいるスライドで映したバッテンなんか、ネコは見てねえよな」って（笑）。

そうすると、その見事な論理とは一体何なのか、それはその研究をしている人間の頭の中ではないかと思うわけです。それを、ネコを媒介にして出しているだけなんじゃないかとね。脳の研究には、実はそういうのが非常に多いんです。実験したといっても、その実験の形をつくったのはあなたでしょ、という話が。

久石　ああ、その形態自体を考えた人の……。

養老　そうです。実験科学の場合、そういう形で脳の中に入り込んでしまう。生き物がはたしてそうやって生きているか考えてみると、ありえない。現実から乖離《かいり》した話なんです。

　僕が虫いじりや、医学の中でももっとも古くさい解剖みたいなことに関心があったのは、そっちの世界は絶対にそういう思い込みを介在させることができないからなんです。どんな虫がいるか、そんなことは結局わからない。集めてきて、整理します。見直していると、おかしいなあ、ちょっと違うんじゃないか、そういう疑問を虫が示してくる。死人も何も言わない。事実だけがただそこにある。そこにある疑問を解明してみたいと思ってやるのが、科学の研究の意味なんじゃないかと思うわけです。

　音楽もたぶん同じようなルートで、今おっしゃったように一般の人から離れていった。科学もそうです。みんな「専門家がこう言ってるんだから信憑性《しんぴょうせい》があるに違いない」と思って信用しようとしますが、専門家の言っていることって実際のところよくわからないでしょう？　よく似てません？

久石　すごく似てます（笑）。

養老　「通じねえよ、おまえら」というような話ばかりじゃないですか（笑）。

久石　通じない（笑）。そのわけのわからない音楽を聴くんだったら、アフリカやアジアの民族音楽の方がよっぽど本当の音楽だと思う。バリ島のガムランを聴いて、なぜあのタリラリラリラリという音を心から気持ちいいと思えるのか。それは暮らしと密着しているところにある音楽だからです。そのガムランの形式と雰囲気だけ取り入れて、悠久の時間を表現しましたとかいわれても、「ウソつけ！」としか思わない（笑）。

養老　僕はそういう社会への批判をこめて「脳化」と言ってきたんですが、それを脳の働きを賛美している発言のように勘違いする人がいるものだから、最近は「意識中心主義」と言うようにしているんですよ。これならさすがにわかるでしょ（笑）。

久石　意識とは何かがわかっていない人間たちが、意識中心主義に陥っている……なんだかすごく皮肉的な構図ですね。

言葉が伝えたもの

久石　僕はこれまで、音楽というのは世界共通言語だと思っていたんです。五線の上に並んだ音符は、楽譜の読める人ならば万国共通、演奏に必要な記号も共通ですから、それを見れば絶対に通じる。あとは片言の英語で説明ができればそれで充分だと考えていました。

クラシック音楽なんかは完全にそうなんです。ブラームスなりベートーヴェンの曲を僕が指揮してオーケストラに演奏してもらうには、「ここフォルテ！　粘る！」とか言って一生懸命、指揮棒振っていれば、「おお、そうか。そうやりたいんだね」と理解してもらえます。映画音楽のようなポピュラリティーの高いものは、そんなにむずかしいことはないのでやはりとくに問題はなかった。これまでにも海外のオーケストラの人たちと共演する機会は少なくなかったんですが、同じ音楽をやっている者同士として音楽言語でやりとりすればすべて通じたじゃないか、というある種の自信があったんです。

ところが、今回ロンドン交響楽団と一緒にレコーディングをしてみて、オーケストラをまとめるには、音楽だけでなくてある意味、言葉も大事だな、と思いました。先ほど聴いていただいた『The End of the World』という曲は、かなりむずかしい譜面なんです。たいていの曲は初見で完璧《かんぺき》に弾きこなしてしまう彼らも、首をひねったり「ウ〜ン」と声を出したり、けっこう苦労していたんですね。

その時に、「この曲は、アフター9・11をテーマにしていて、今の世界の状況の中で、『人間とは？』ということを考えてつくったんだ」ということを、オーケストラのみんなに語りかけたわけです。そうしたら、たちまち音が変わった。

僕としては、ちょっと不思議な感じでした。フォルテはフォルテだし、ピアノはピアノ、むずかしいパッセージは変わらずむずかしい。音楽の要素としては何一つ変わっていないわけですよ。しかし、音は明らかに変わる。全員の気が入ったというか、みんなが同じ方向を向いたというか……。

それはインテンション、すなわち「意向」が伝わったからです、言葉によって。

養老

昔、そういう脳のしくみを一生懸命調べたことがあるんですけど、脳の神経線維は双方向になっているんですよ。脳に入っていく方を「求心性神経」、脳から末梢《まっしょう》器官に出ていく方を「遠心性神経」といいます。何か刺激を受けますね、すると受容器の興奮は求心性神経を通って中枢神経に伝達される。そして遠心性神経を通って脳から末梢器官にシグナルが伝わるしくみです。この方向性でインテンションがかかわってきます。遠心性の動きをいうわけです。専門的な人はこれを「志向性（インテンショナリティ）」と呼んでいますね。

今お話しになった状況は、まずオーケストラの人たちは渡された譜面を理解して弾こうとして集中しているわけですね。そこに久石さんがその曲の意図を説明した。言葉で状況を説明したことで、彼らの志向性が変わります。志向性が変わったことが運動系の神経に伝えられて、感覚が動く。それによって演奏が変わった——こういう流れです。

志向性と感覚

久石　インテンショナリティが感覚に影響を与えたわけですか。

養老　はい。言葉は聴覚から入りますね。耳は遠心性と求心性と両方入ってます。脳の神経細胞には「興奮性」のシナプスと「抑制性」のシナプスとがあって、耳は抑制が働きます。

どういうことかというと、たとえば我々はうるさい部屋で人の声を聴き分けることができます。それは、相手の声の周波数に合わせて、それ以外の音が入ってくるのを抑えることができるからです。だから周りのノイズが相当あっても、特定の人の話を聴きとることができる。そこで何の音を聴きとり、何を聴かないでおくかは、インテンショナリティで変わってくる。

目は一方向です。求心性しかない。目の細胞自体に、耳のように抑制が行ってないんです。抑制が行っていれば見たくないものは見ないでいいようにできるんですけどね（笑）。嫌いなやつを、「あいつは見たくねえ」と思ったら見なくていいようにできる。ただ、鳥なんかは抑制が目に行っているんですよ。面白いんです。見たくないものは見ないでいいんだね。人間はできない。ダチョウが危険になると砂に頭を突っ込むのは、人と同じには解釈できない。

久石　すごいシステムですね。

養老　話が脱線してしまいましたが、集中している人たちの脳にインテンショナリティが働いて、しかもそれがアフター9・11ということで共鳴性が高い話だったので、運動という反射に直結したということです。

久石　ものすごく納得できました。

養老　インテンショナリティ、志向性をもっとわかりやすい日本語でいえば「つもり」ですよ。こうするつもり、ああするつもりとよく言うでしょう？　必ずしも「つもり」の通りに物事が運ぶとは限らないですけど。

久石　そうですね。しかし、オーケストラのように百人ぐらいの人たちを束ねて、ある同じ方向に向かっていくためには、やっぱり志向性が実に重要になってきます。

たとえば指揮者がちょっと調子が悪いとか、仕切りが悪いと、優れた技能集団のはずのオーケストラでも、つまんない演奏になってしまう。指揮者は、現場で彼らのインテンショナリティを煽《あお》るための現場監督みたいなものです（笑）。

それを、どうもっていくか。しつこく練習しすぎるとみんな嫌になってしまって本番にその力は出ない。では適当でいいかというと、みんなのテンションが上がらないから、やっぱりよくない結果になる。百人対一人の関係の中で、うまく百人の志向性を高めつつコミュニケーションも取れていると、間違いなく音楽もよくなる。

養老　脳みその中でのインテンショナリティの部分と感覚との整合性って、非常に難しいんです。どういうふうに興奮に行ったり抑制に行ったりするのかはわからない。しかも、それをやっている舞台が脳ですから、それ全体がシフトしてしまうことも起こる。

久石　はい。

養老　もちろんそういう緊張感みたいなものが、よく働く場合もありますが。

緊張感のメリット

養老　先ほど、ロンドンでレコーディングしていた間は感覚が違っていたというお話をされていたでしょう。日本に帰ってきたら戻ってしまったという。それはよくわかるんです。科学の研究者でも、外国に行くと業績が上がる人が多いんです。たぶん緊張感が高いことがいい効果をもたらしているんだと思います。最初からテンションが上がっている。生活しているだけで、いろんな障害がありますから。

久石　そうですね。

養老　突然へんなことを言うようですが、よくオカマの話は面白いっていうでしょう？あれ、僕は二重生活のテンションが高いからだと思うんですよ。ごく普通に店に買い物に行くにしても、自分がどっちだと受けとめられるのか、緊張があるはずです。それこそトイレに入る時なんか、自分がどっちに行くかを判断して決めなきゃいけない。間違いなく日常の緊張性が高い。

　ずいぶん昔、そういう人がまだ少なかった時代の話ですけど、僕の知っているあるオカマが帝国ホテルで人と待ち合わせをしていたら、ボーイがやってきて、「お客さま、ここはネクタイ着用でございます」と言ったんだそうです。「失礼しちゃうわね、女性に向かって」と怒ったというんだけど、そのボーイもいろいろ考えた末の言葉だったんだと思うよ、「あっちへ行ってくれ」というのをどう言おうかと。客商売の方にもそういう緊張感を与えるけどね（笑）。

おそらく日常生活の中でそうやって適度な緊張状態があることで、ちょっと違う位置にズレる。

久石 ズレますね。コンビニに入るにしても、普通の男の恰好《かっこう》で入るのと、女の恰好をして人から意識されるのとでは、自分の中の立ち位置も振る舞い方も変わってくるでしょうから（笑）。

養老 そうでしょ。その人にとっては、コンビニさえも異郷になるわけだよ。ずらして見ると、面白いでしょう、世界が新鮮に見えるから。当然、ものの言い方も変わります。そういう経験をたくさんしているから、話も面白いんじゃないかと思うんですよ。

久石 確かにそうかもしれませんね。

養老 大学の先生なんかは真面目な人が多いでしょう？　だから学生に、「あの人は今はあんなふうにおとなしくしているけど、実はロッカーにサングラスとか衣装とかいろんな道具をしまってあって、大学が終わるとそういうのに替えて、新宿行って飲んでるんだから」と言うと、その先生に対する視点に変化が起きる（笑）。

久石　視点が変わるのはいいことですよね、やっぱり。

養老　ただ、インテンショナリティがどういうふうに働くかは、ほとんど意識できませんから。それと、視点がズレた時に、元の自分というものがわからない。今の人はものを何でも意識的に考えようとします。そうすることで自分を固定しているという暗黙の前提ができる。「私」というものがつねに保証されているような気になっている。でも、それは実はウソ。感覚で生きている人はよくわかるんです。

調子がいいとか悪いとかいう言葉でいわれていることのかなりは、そこですよね。「いつもの自分じゃない」とか言いますが、「いつも同じ自分などというものがどこにいるんだ」と僕は言ってますが。

ゴールを意識するとモチベーションは下がる

養老　インテンションだけが前に出てもダメなんです。オリンピックなんかを見ていると、水泳選手が最後のラストスパートでテンポが変わったりします。それまで三拍子のリズムだった泳ぎが、二拍子半になっているとかいう。本人はたぶん必死で努力しているつもりなんですね。だけど、実際にはむしろ遅くなっている。

久石　ああ、よくありますね。アナウンサーが「どうした、思ったほど伸びませんね」と言ったりしています。

養老　おそらくそういう場面というのは、「もうすぐゴールだ」と思った瞬間に、動きが変わってしまうわけです。本人は頑張っているつもりなんだけど、脳みその方は「ああゴールだ、もう済んだ」と思ってしまっている。

　意識は必死でやらなきゃと思っても、何もそれで動いているわけではない、からだは無意識の方でドライブされている。しかもそこは無意識ですから実に正直なもので、「もう終わりだ！」と思った途端に、モチベーションがゴーンと下がる。その下がった分だけ、本人は意識でカバーしようとするからめちゃくちゃになる。逆にジタバタしているだけで、外から見ると一向に上がってないということになります。それが「実力が出てない」ということですよ。

久石　意識はどんなに頑張ろうとしていても、無意識にかなわないんだ。

養老　そうです。芥川《あくたがわ》龍《りゅう》之介《のすけ》の『侏儒《しゅじゅ》の言葉』に「天才とは、百里の道も九十九里を半ばとする」ことだというのがありますね、あれですよ。だから九割九分まで来た時に、まだ終わりじゃないと自分に思わせていくことが必要なんです。百メートル競走ならば、二百メートルだと思って走れということ。

久石　見えたゴールでも、見えないつもりで走りつづける？

養老　そう。マラソンでゴールに飛び込んだ時、力尽きてばったり倒れる選手とゴールしてもまだ走りつづけている選手といますね。僕の知り合いは、あの違いはこの無意識のモチベーションの違いかもしれないと言ってますよ。

集中力の最後の糸

久石　僕の場合は、非常に短期間で映画の仕事なんかやらなくてはいけないことがあるんです。すべての工程を一か月以内とか。作曲しだして、譜面を書いて、レコーディングして、トラックダウンして仕上げですからね、ものすごくタイトです。当然、最後の仕上げの頃には連日、徹夜が続くわけです。

その最後のところ、あと一日で終わるという頃になると、一緒にやっているスタッフや関係者のモチベーションがぐっと下がってしまうことがあって、どうしてなんだろうと思っていたんです。頭が回っていなくてもうボーッとなっているとか、コックリコックリ居眠りしているとか、風邪を引いて熱を出すとか。そういうのも、ゴールが間近に見えたことで緊張の糸が切れてしまうんでしょうね。

養老　そうでしょう、たぶん。

久石　直前まで本当によく頑張っているんです。第一コーナー、第二コーナー、第三コーナー、本当に並走してよく頑張ってくれている。ところが、第四コーナー回って、あとは直線コースを一気に駆け抜けるだけというところで、集中が途切れてしまう。僕は、「そこが乗り切れるかどうかが、プロとして一流になれるかどうかの違いだぞ」とけっこう厳しく言ってしまうんですが。

養老　おそらくゴールに対する認識が違うんですよ。そのスタッフの人たちのゴールは、徹夜の作業を終わらせて音楽ができ上がるというところにあるでしょうし、久石さんのゴールは、ものをつくる人間として限られた時間の中でどこまでいいものができるかというところにあるわけでしょう。だから、スタッフの人にとっては「百里の道を九十九里まで来たぞ」であり、久石さんにとっては「九十九里も道半ば」なわけで、それが持久力の違いとして端的に表れるということだと思いますね。

久石　音楽というのは、結局、どこまでやっても完成されたものにはならないんですよ。

逆にいえば、努力した分だけ、確実にもっとよくなるはずだと僕は思っています。だからその努力はするべきでしょうと思う。それはラストの直線コースでどれだけ力を振り絞れるかということでもあるわけですよね。

スタッフがそこで倒れたら僕が困るとかそういうことでは全然ないんです。あとわずかというところで踏ん張りがきく人は、僕と一緒の仕事でなくて他でやる仕事でも、あるいは仕事以外の私生活の面でも、きっと踏ん張りがきくと思う。今ここでもう一歩頑張れば、もう一つ違った景色が見られるよ、という思いが僕にはある。それでつい厳しく当たってしまうんですよ。でも、それを僕が言ったからわかるというものでもないんですね。

情報化と情報処理の違い

養老　僕は昨日、何をしていたかというと、ある新種の虫の特徴を言葉にして記載していたんです。頭がどうなっている、胸がどうなっているというのを、A4ぐらいの紙一枚に書いていく。やってみるとわかりますけど、「頭がこうなっています」ということを説明するためには、同じ仲間の同じ種類の他の個体を見ていくとどうなっているか、他の個体には当てはまることは何で、当てはまらないことは何かといったことを全部知っていないといけないんですよ。

つまり、何が書くに値するかということがわかるまでには、相当の種類、数を見てないといけない。それが一番ベースにある。

その虫がよっぽど変わっていたとしても、単にその個体だけの特徴である場合は、それを判断して落としていかなくてはならない。似たような虫が多い場合、これはこういう部分が他のとは違うよな、というのをパターン認識して、それを言葉にしていく。そういう作業を、僕は「情報化」といっています。たかが一匹の虫のことを書くだけだろうと思うかもしれませんが、「情報化」というのは、えらく時間がかかって、えらく大変なことなんですよ。

今は「情報」という言葉があまりにも普通に使われているから皆さんピンと来ないかもしれないけれど、自分が見ている世界を言葉にする時、それ一つだけをよく見れば書けるというものではないんです。それを書くためには、他のことをたくさん、しかもよくわかっていないと、的確に表現することはできない。

これに対して、あの人はこう言っている、この人はこう言っている、これとこれは理屈でいえば矛盾しているだろうとか、あそこにはこう書いてあったとか、そういう他の人の言っていることや書いていることを上手に整理してまとめていくのは「情報処理」なんです。

ものを書く、ものをつくるとは、情報化をすること。「情報化の作業」と「情報処理の作業」はまったく違うんですよ。

今の話を伺っていて、それに近いなと思いました。久石さんは情報化をしているわけですが、スタッフの人たちは情報処理をしている、その違いが根本的な姿勢の違いになっているんですよ。

久石　情報化と情報処理の違いですか。

養老　そうですよ。音楽をつくって、それを人に伝えている。その結果、人が演奏できるわけですから。それは完全に情報化作業です。

今の人はよく「クリエイティブな仕事をしたい」とか言う。言うわりにはみんな情報処理ばかりしている。ネットで検索したりすることを情報化だと思っている人が多い。自分で考え出す、自分でつくり出すということをしません。情報処理がどんなに上手になっても、情報化ができるようになるわけじゃない。

久石　そうですよね。

養老　情報化は大変な作業ですよ。

呪いの言葉が社会に満ちている

養老　現代社会は、言葉というものの使い方が間違っていると思うんですよ。

久石　それ、僕も感じます。

養老　一番の典型は、子どもが携帯なんかを使って「死ね」などと書く。いじめですね。そういうのを内田樹《たつる》君が「呪詛《じゅそ》の言葉」だと書いていますが、僕もあれは呪いの言葉だと思います。現代人に呪いなんて非科学的だとか、そんなものがあるわけないという人がいますが、呪いというのは逆にそういうところで一番有効なんです。

インターネットの中なんか、そういう意味では、呪いの言葉が満ちている。

さっき、音楽はどういうふうに使われるべきかというピタゴラス派の話なんかも出ましたが、「ああ、現代の言葉の使い方にもぴったり当てはまるなあ」と思っていました。

はたして言葉というのはそういうふうに使っていいものだろうか。使えるんですよ、言葉は確かに。呪いの言葉にも使える。だから、昔はそれに対して祝詞《のりと》というものがあった。「ことほぐ言葉」があった。ただ、今の世の中は寿《ことほ》ぎの言葉がどん

久石　どんどん消え失《う》せて、呪いの言葉が非常に増えてきたような気がします。それと、受け取る側が、あまりにも道を外れることを知らない。つまりストレートにものを受け取るでしょう。昔は、小学生くらいの子どもにとって、友人という存在もそれは大きかったですけど、家に帰ったら、怖い父さんもいる、いろいろ口うるさいことを言うお婆ちゃんもいる、きょうだいもいっぱいいると、いろんな人にいわば揉《も》みくちゃにされていたから、友だちの存在というのは、子どものかかわる人間関係の中ではそんなにウエイトが高くなかったと思うんです。

ところが今は、家に帰ってもお父さんとはほとんど口を利く機会がないくらい、きょうだいはいない、話し相手はお母さんくらい。交流する関係がとにかく狭い。そういう中で育っている子どもにとって、学校の友だちという関係が、自分の精神の七、八割を占めるようになってしまうわけでしょう。比重として、それだけ重くなっているんですよ。そういう相手から「死ね」と言われるのは、これはもう本当に呪いの言葉ですよ。

養老　僕らが子どもの頃には、世界の半分は自然だったですからね。人間と接する世界が半分、自然と接する世界が半分。自然にも人間社会にも、必ずプラスマイナス両面があって、人間の世界の方で先生に怒られたというマイナスがあっても、おじさんに動物園に連れて行ってもらったというプラスがある。外へ遊びに行けば、面白いものを見つけることもあれば、その代わり、肥溜《こえだ》めに落っこちたりもするわけだ（笑）。うれしいこととへこむことは、人間にも自然にもどっちにもある、それが子どもの世界だったわけですね。

だから、いじめはずいぶん前からあるけれど、友だちのいじめも生活の一象限、四分の一くらいのものだったわけでしょう。ところが、その世界の半分の自然というものが消えてしまって、人間の関係だけが世界になっている、簡単にいって倍になる勘定です。

中学生の時にいじめられた記憶を二十五歳になって書いたという『14歳の私が書いた遺書』という本を読んだんです。そこで気がついたのは、その本の中には、花鳥風月が一つも出てこないんです。桜が咲いた、台風が来た、雪が降ったといったことは一切ない。先生が何と言った、友だちが何と言った、親が何と言った、誰の態度がどうだと、すべて人間の世界なんです。

久石　ああ、人間関係の中で、人の言ったことの比重が重くなっていってしまったんでしょうね。

養老　人間の社会の中だけにいて、意識が歪《ゆが》んだ形で大きくなってしまう。だから呪いの

久石　言葉も大きく深刻になってしまう。

養老　今、みんな暇さえあれば携帯メールをしているみたいだけど、メールに花鳥風月のことを書く、自然のことを話題にする人なんていないんじゃないのかな。

久石　振り返って考えた時、人間世界の誰それに怒られたとかいじめられたとかいうのは、自然の中に入って、山なんかを歩きまわっていたらゼロになってしまった。つまり、解毒剤になっているわけです。木に登って、木から落っこちたら落っこちたで、それは自分にとって何かダメージになるようなマイナスではないんですよ、ざっくばらんにいえば、自然は人間社会のちまちましたことなんか関係ない世界です。だからそこにふれることでバランスが取れる。

養老　そうですね。それなのに、今、どこに登ると落ちたら危ないからダメだ、あれはしてはいけない、ここに行ってはいけないと言い過ぎる。

久石　たまにケガしたとなると、今度は大騒ぎして、そこの管理者は誰だ、管理不行き届きではないか、そんな危険な状態にしておいていいのかという話になっていくから、救いがない。人間が支配している社会から抜け出て、時々、中立な自然の世界に戻らないといけないんです。

真っ赤なウソが日本にも

久石　言葉について僕が感じるのは、使っている言葉の方向が、限られた一方向にしか向かなくなっているのではないかということですね。とくに若い人たちを見ていると、言葉が何かを表現するもの、伝えるためのものではなくて、自分を慰めるものになっているような気がするんですよ。人に対しては呪いの言葉のような使い方をするのに、自分は守ってもらいたい、慰めてもらいたい……。それってちょっと変じゃないかと思う。そういう意味で、言葉が力をなくしていますよね。

養老　振り込め詐欺のようなものが増えているでしょう？　日本にああいうものが出てくるとは思いませんでしたね、僕は妙なものが出てきたと思った。

電話口で喋《しゃべ》っている犯人は、まったく事実無根のことを、いかにも本当のように語る。つまりあれ、完全に芝居なんですよ。電話でそんな芝居ができる人というのは、かなり訓練をしているはずです。詐欺のプロですよ。電話を受ける方は、日本の社会にそういう形式の芝居というものがあるとは思っていない。だからだまされるんです。あれ、言葉の意味を微妙にずらしていますからね。意味を取り違えるような言葉を巧妙に使うわけです。いわば「真っ赤なウソ」なんだ、僕にいわせれば。日本人は真っ赤なウソはつけなかった。なぜかというと、人間同士がお互いにつながり合って、緊密な社会をつくっていたから、そこで真っ赤なウソをつくと、連携できなくなる。辻褄《つじつま》が合わないことになって、みんなが困るんです。日本の社会に属しているためには、真っ赤なウソをついていたらやっていけなかった。日本の場合は、黙っている方がいいんです。黙っていると、周りが適当に忖度《そんたく》して、それで物事がむしろうまく動いていった。

久石　振り込め詐欺というのは、「あなたは芝居の主役だったんだけど、本人が主役だって気がついてないところで出演料を取られたんだよ」ということなんじゃないかな（笑）。あれ、出演料なんですよ、大芝居の。

養老　なるほど。高くつきますね（笑）。

日本人が外国旅行に行ってだまされやすい国というのは古い文明国に多いんです。イタリアとかインド、中国なんかもそうですね。まさかそんなウソをつかないだろうというような話に、日本人は引っかかりやすい。それが今や、あんな詐欺行為を日本人が日本人に対してやるようになってきたというのだから、日本も国際化したものだと思いますよ。

日本人の特質

養老　僕、アメリカの言うことなんかを昔はけっこう真面目に聞いていたんですが、「こいつら、本当に平気で真っ赤なウソつくなぁ」と思ったら、真面目に聞いているのがバカバカしくなった。正義なんてそういうものだ、と言っている学者すらいる。大衆を扱うためには、細かいことを間違ってようが何しようが、これが正義だということを言わなきゃいけないみたいな考えがあるんです。

久石　ブッシュなんか典型的にそうでしたからね。

養老　そう、ネオコンの考え方です。イラクには大量破壊兵器があるとか、テロリストがいるとかさんざん言って、戦争終わってみたら、結局、何も見つからない。せめて大量破壊兵器があったような証拠でも捏造《ねつぞう》しろよと思った(笑)。

久石　そう、僕もそう思いました。捏造してでも何かあったことにしなかったら、収まりがつかないじゃないかと。

養老　それはやっぱり平気で真っ赤なウソがつける社会に生きてきたからなんですよ。
　確か小泉さんが首相だった時、靖国問題で中国と韓国が怒ってガンガン言ってきていたようなタイミングで、ある雑誌が日本に在住している外国人に、「日本のいいところを言ってください」というアンケートを採ったことがあった。はっきり中身を憶《おぼ》えていないんだけど、唯一憶えているのは、日本人のいいところのトップが「時間どおり来る」「言ったとおりやる」ことだった。この二つは日本人の美点なんだな、と思った記憶があります。世界にはそれだけ、「時間どおり来ない」「言ったとおりやらない」国が多いということです。

久石　これは、僕、痛感しています。本当にそうなんです。日本の仕事はやりやすいなあといつも思うのは、言ったことは必ず守るし、時間も正確、ズレがない。予定が予定どおりに進む。これ、日本の社会だけで仕事している人は当たり前のことだと思うでしょうが、外国ではまずありえないことなんですよ。

アジアもまあ予定なんかあってないようなところがけっこうありますけど、それは実際問題、いろんなことがずれ込んで何もできてないから仕方がない。「できるよ、やる、やる」と言ってはいるけど、絶対できないことはもうこっちにもわかっているから、まだ想定内、こちらも割り切りが利くんです。ところが、フランスあたりは本当に予測がつかない。だから、文化的な成熟度のようなものと関係するわけでもないんですよね。

言ったことをきちんと守ろうとする日本人の特質というのはすごいですよ。

確かなウソに人は夢中になる？

養老　真っ赤なウソの元が、西洋には二つあるんですよ。町の中にある立派な建物がそうです。教会と劇場――。両方とも、人間はその中に引き込まれて夢中になる。

それはどういうことかというと、「この中で起こることは、全部真っ赤なウソですよ」ということを最初に言明しておくんです。そうすると人間は安心してだまされに入る。

教会の中で牧師さんの言っていることは、現実に通用するか。それはブッシュのやったことを見れば明らかです。聖書には、「右の頰を打たれたら左の頰を出せ」と書かれているかもしれませんが、実際にやっていることは「目には目を、歯には歯を」でしょう。

教会と劇場は、その中でのことは真っ赤なウソだというのをもり立てるための装置。外に対して頑強な殻をつくる必要もあるので、ことさら立派なものを建てるんです。

では、日本でそれに似たものは何か。演劇的空間以外に、いかにも日本ならではのものがある。それが漫画ですよ。「これは漫画ですから」といわれると、この中に書いてあることはウソだという大前提が保証されているので安心できる。だから夢中になるんですよ。今、図書館で、お客さんが一番熱心に本を読んでいるところは、僕が館長を務めている〔現在は名誉館長〕京都国際マンガミュージアムではないですかね。廊下に座って読んでいるんですが、僕がその前をガタガタ靴音高く響かせて通っても、うるさいと誰も言わない（笑）。没頭しています。「この集中力はすげえな」と思いますよ。

久石　あらかじめ真っ赤なウソであることが保証されたものは、人の心をつかむ。映画もそうですね。フィクションものの大前提として、真っ赤なウソですよというのをまずきちんと言ってしまっているものが強い。逆に、これはいかにもリアルな現実ですみたいなものは、かえって中途半端になってしまいやすい。この世知辛い現実を、そのまま映画で見せられて何が楽しいかという話になるからでしょうね（笑）。

だから、どうやってウソをつくかの大前提がきちんとしているかしてないかが、フィクションの基本だと思います。

現実を豊かにするために言葉がある

養老　今、言葉が力を失くしたということが、そこに関係していると思う。

そもそも言葉は人間がつくったものです。言葉は完全なフィクションであるということを、みんな忘れている。

最近よくいわれているのが、ノンフィクションというジャンルがどんどん衰退しているということです。それは本来フィクションのものである言葉を、事実に対してどう使うか、その認識が今あらためて問われているということですよ。

ノンフィクションというのは、現在でも過去でもいいですけど、実際に起こっていることを言葉にすること。実際に起こったことは、今さらどうしようもないわけですね。変わりようがない。その変わりようのない事実を、言葉によってどれだけ豊かなものにすることができるか、それが本来の言葉のありようでしょう。その感覚は今のノンフィクションにはないと僕は思う。

事実との対応関係がどうだとか、これは本当だ、ウソだとか、そんなことばっかり言っている。元のことは変わりゃしないんですよ。南京大虐殺もそうだけど、何をどう言ったところで、そこで起こった事実にはいささかも変わりはない。そういうある種、冷めた見方のもとに書くのがノンフィクションです。

僕は高橋秀実《ひでみね》の書くものが好きなんだけど、たとえば自分の奥さんのダイエット話（『やせれば美人』）一つとっても、彼が書くことで日常的なことがある豊かさをもって浮かんでくる。言葉というのはそういうふうに使うものだと思うんです。

言葉というものは、何でもないことを豊かにしてくれるものであるべき。それがプラトンでしょう？　さっきのね。今は世界を痩《や》せさせるために使っている気がする。だから、言葉狩りをしたり、失言を大げさにとらえたり、バカなことばっかりしているんですよ。物差しが狂っている。

久石　そうですね。

養老　世界を貧相にしちゃいけない。でも、どうも今の言葉は、世界を貧相にするように使われている気がしてしょうがない。それ、出版業とかにも全部いえるでしょう。テレビもそういうところありますよね。とくに新聞はひどいと思う。事実を正しく伝えるとかアホなことをいう。そうじゃない、事実を豊かにするのが我々の仕事だというふうに思えば、新聞はもっと有効なものになる。誰も読まないのは、これが事実だとかウソだとか、そんなことでけんかばっかりしているからですよ。

国会を半年やるようになったのもいけない、と僕はよく指摘するんですよ。

久石　国会？

養老　会期がどんどん延びた。あれは立法府ですからね、法律をつくっているところ。法律というのは言葉なんです。言葉をつくると社会が変わる。世界が変わる。それは古代の社会そのもので、つまりはおまじないの世界ですよ。だから呪いの言葉も、これだけ拡がってくるんです。おまじないの結果、住みやすい社会ができるか？所詮《しょせん》はおまじないですから、現実にはかかわりがないんです。

言葉で動くのは人間の気持ちだけです。それも、動かないつもりのものは動きませんからね。「そんなもの知ったことか、関係ねえや」って。

久石　互いの関係をもっと豊かなものにするために言葉を使う……すごく大切だと思います。それこそ、話す時でも携帯メールなんかでもこれを心にとどめておくだけで、言葉の使い方が変わってきますね。

第五章

共感性と創造

効果音も肉声で

養老　僕、タモリさんの声の表現力に感服したんですよ。三鷹《みたか》のジブリ美術館に行くと、あそこだけで上映している短篇アニメがありますね。十数分の。少女が山へ入っていって、嵐に遭ったり、怪物に遭遇したりする。

久石　はい、『やどさがし』という作品ですね。セリフも音楽も効果音もすべてを人の声でやるという試みで、タモリさんと矢野顕子《やのあきこ》さんが肉声で全部やっています。

養老　背景の音なんかも全部擬音でやっている。音をすべて口で出すというのは並たいていのことじゃないでしょう。林のざわめきから雨の音から全部できちゃうんだから、あれはたいしたものだよね。

久石　あの短篇をつくったのがきっかけで、宮崎監督は『崖の上のポニョ』のポニョの妹たちの声を矢野顕子さんにお願いしようと思いついたそうなんです。ポニョの時も矢野さんが声で「チョチョチョチョ」ってやっているんですよ。

養老　タモリさんが昼の番組『笑っていいとも！』をもう二十七年続けている（二〇一四年三月放送終了）と聞いて僕はちょっとびっくりしたんだけど、あの人はあの番組で言葉を喋《しゃべ》っているわけじゃないなあと思う。彼の喋っていることを録音して全部たどって本にしても、きっと特別なことは言ってないと思う。ただ、相手をうまく喋らせることができる人なんだと思う。声の調子とか間の取り方とかなんでしょうね。相手に合わせていろんな調子を非常にうまく取ることができる。その同調の呼吸というのは、形態模写のうまさと感覚的につながっているものがあるんじゃないかと思いましたね。

久石　相手に合わせられるというのは、大事な能力ですよね。

養老　だから、ゲストも自然に話せる。それで長続きしているんじゃないかなと思うなあ。

他者と「合わせる」力

久石　人間と動物の大きな違いは、相手に合わせることができるところだと聞いたことがあります。

養老　そうです。動物は自己中《ジコチュウ》ですから他者に合わせようとはしません。もっとも、物理的に同調するようなケースはありますけど。

久石　スズムシがそうらしいですね。僕らは「鳴いている」と普通に言っていますけど、あの「リンリンリンリーン」というのは羽をこすり合わせて音を出していて、そのタイミングが一緒なんだとか。

養老　ええ。視覚でもそうした同調があるんです。たとえば、ホタルの光り方が同調する。とくに有名なのがマレーシアのセランゴール川沿いにホタルがたくさん集まってくる場所があって、これが同じ周期でピカッ、ピカッと一斉に光る。まるでクリスマスツリーのようだといわれて観光スポットにもなっています。

久石　見てみたいな。

養老　そういった物理的な共鳴現象として有名なのが、「ホイヘンスの振り子時計」です。石の家の壁に向かい合わせて同じ種類の振り子時計を吊《つ》るしておくと、初めは振り子が別々に動いているんですが、やがて同期する。さまざまなノイズは互いに干渉し合ってゼロになるんだけど、規則的に動いている振り子の振動だけが伝わって、長い時間をかけて二つの振り子時計はまったく周期を同じくする。

久石　不思議ですね。

養老　だから、長年連れ添った夫婦が、片方がどこかおかしくなると、もう一方もおかしくなるというのは、充分あり得る話なんです。別に同期しよう、同期しようとして生きているわけではなくても、一緒に暮らしていることで同期せざるを得ない。振り子ですら共鳴するんですからね（笑）。

久石　それはそうだ、う～ん、説得力ありますねえ（笑）。

養老　冗談はともかく、人間は合わせるということを意識的に行うんです。自分を相手の立場に置いて、自分と相手を同じにする。つまり「交換」ということができるようになる。これがお金という考え方の基本でもあります。

これができるようになるのは、心理学的には四歳以降といわれます。自分の子どもとチンパンジーを一緒に育てたアメリカ人がいまして、この記録が面白い。三歳までは何をやらせてもチンパンジーが上なんですよ、運動機能が向こうの方が高い（笑）。ところが、四歳になると途端に人間がギューッと伸びる。ものわかりがいいんです。

どういうことかというと、人間はそこで自分と相手を取り替えるという考え方を取り入れていき、そこに人間社会というものが成立してくるわけです。

久石　相手の立場に立つことができるから、合わせることができる。ああ、確かにそうですね。

真似から対話が始まる

久石　前に山中湖で仕事をしていた時、仕事の合間に散歩していたら「ホーホケキョ」とウグイスの鳴き声が聞こえてきたので、真似して口笛でやってみたら返ってきたんですよ。その時は「ああ、ウグイスが応じているよ」と思っていたんですが、今のお話を聞いていると、あれは僕がウグイスに合わせていたということですよね（笑）。

養老　あちらは、「おい、ここは俺の縄張りだぞ」と思って鳴いていたかもしれない（笑）。

久石　そうか。そのうちに鳴き声で「あ、また同じ鳥だ」というのがわかるようになるんです。時々、ものすごく鳴き方がへたなのもいるんだ、「ケキョッ」くらいしか鳴けないとか（笑）。「そうじゃないよ、俺が教えてやるよ」と思って「ホーホケキョ」とやってみせたりしてね。鳥と会話できるのってけっこう楽しいですよ。

養老　それはね、久石さんみたいに音感のいい人じゃなきゃダメなんだ。あいつら絶対音感ですから、ちょっとでも音程がズレていたら、仲間の声だと思ってはくれない。

久石　そう、鳥は絶対音感なんですよね。

養老　僕の家の周りではウグイスがよく鳴いてうるさいくらいなんだけど、僕が外へ行っ

久石　て「ホーホケキョ」とやっても、そんなのは牛ウグイスだよ（笑）。

真似するというのは、相手に合わせることの基本ですよね。鳥に限らず、初めて出会う生命体と遭遇した時に、相手にもっとも敵愾心《てきがいしん》を持たせなくて済む行動なんじゃないですかね。言葉の通じない国でもパッと何か言われたら、同じことをまず言ってみる。何かわからないけれど「ウニャムニャムニャ」と言われたら、同じように「ウニャムニャムニャ」とできるだけ似せて答えるところから、対話が始まる（笑）。

あらゆる生命体に対して、相手の真似をして返すのが一番安全で効果的な気がします。もし宇宙人に会って何か言ったらしいと思ったら、同じことをまず返しておけば、とりあえず殺されないで済むかもしれない。

絶対音感

久石　僕は「絶対音感」はないんです。
何が鳴ってもこれは「ラ」だとか「シ」だと音がわかってしまうのが絶対音感ですが、三歳前後の時に徹底して鍛えると、言葉を覚えるのと同じように音を覚えて

養老　絶対音感が身につくといわれているんです。そこで面白いのが、絶対音感というのは、どうやら「聴覚野」ではなくて「言語野」で覚えているらしいんですね。それで音楽を聴いても、言語野と聴覚野が両方きっちり動くという話があるんです。そこは、ちゃんと調べてみると面白いと思います。

鳥だけでなく、動物は根本的に絶対音感があるんです。実験してみるとわかる。

僕は聴覚の構造を知って、どうして自分には絶対音感がないのか、へんだなといつも思っていた。つまり、同じ周波数の音を拾った時に、内耳の一定の場所が動く、自分の内耳のどの細胞が動くかを自分で意識できているというのが絶対音感なんですが、自分のからだなのにどうして同じ場所が動くということがわからないんだ、といぶかしく思っていたわけです。

聴覚野では、非常に綺麗《きれい》に周波数の対数をとって神経細胞が並んでいます。これ、ピアノと同じなんですね。鍵盤《けんばん》は基本的に全部、等距離になっている。

久石　はい、そうです。

養老　なんで？　遠くは近くに寄せたほうが弾きやすいじゃないですか。指の幅とか距離とか考えたら。そうでしょう？　だけど、律儀に全部等距離で並べてある。それで、かなり乱暴な発想なんだけど、絶対音感のない人間というのは、意識が何か抵抗力を持っているに違いないという考えを持ったんですね。だから僕、ピアノ嫌いなんだよ（笑）。
　今のお話で、言語野でそれを理解しているということはどういうことかなと考えてみたんですけど、おそらく言語野と聴覚野の間に連絡があって、周波数依存で並んでいる神経細胞と、言語野の中の神経細胞がつながっているんですね。線でつなぐように。言語野の中で安定しているとすれば、聴覚野にあるそういったきちっとした周波数依存の並び方を言語野が意識的にレジスタンスしているのかもしれない。

久石　ふ〜ん、僕としてはレジスタンスする理由が見当たらないんですけどね。

養老　そこが無意識下の意識。

久石　さっき話をしたメシアンという作曲家は絶対音感の持ち主だったんですが、世界中の鳥の声を採集してその音型を譜面にしたり、その行動にも精通したりして、もう地球上で最高の音楽家は鳥なんだ、というような極論に行くんです。

養老　アングロサクソンでは、虫の鳴いている音は全部ノイズですが、鳥の声ははっきり歌として聴いていますね。もう二十年くらい前になりますか、角田忠信《つのだただのぶ》という東京医科歯科大学の先生が、日本人は虫の音を左脳で聴き、欧米人は右脳で聴くということを書いた。そうしたら実験の仕方がおかしいとかいって専門家が否定したんですよ。今考えれば、右脳だ、左脳だと一般の人が言い出したのはあのあたりからですよね。

それは要するに文化的な違いを言っていたんです。昔から我々日本人は、虫の声は和歌に詠み込んでいますから、歌として聴いている。ところが、欧米では鳥のさえずりは歌として聴いていたんだけど、虫の音はノイズでしかなかった。あれは、北ヨーロッパにはセミがいないというせいもあるかもしれないね。

一緒にうたうことの意味

久石　小泉文夫《こいずみふみお》さんという音楽学者がいらして、この方は世界各地の民族音楽のフィールドワークをしていました。その小泉さんの『人はなぜ歌をうたうか』（学習研究社）という本に、人と合わせてうたうことの意味について、興味深いエピソードがいろいろ書かれているんですね。

その一つがスリランカに暮らしている非常にプリミティブな人たちの話で、動物が来たら斧《おの》を放り投げて捕らえるような、原始的な生活をしている。彼らの歌を聴くと、どれも同じように聴こえてしまうという。どうしてかというと、音が二つだけ、高い音と低い音しかないからなんです。一緒に歌をうたうところを小泉さんは録音させてもらうんですが、一緒にうたうといっても、別々の歌を同時にうたうし、高さも違うし、タイミングも合っていない、てんでんばらばら。要するに僕らが考える「唱和」している歌ではないわけです。

　ところが、相手の顔を見ながら、向こうが一生懸命うたっているからこちらも一生懸命うたわなくちゃ、という感じでうたっているのを見て、小泉さんは、一緒にうたうということは、リズムを揃えるとか音程を揃えることではない、真剣に一生懸命やるところに歌というものの原点を見たと感動したのだそうです。

　この話は、音楽の根源的なところを突いているように思うんです。へたでも一生懸命うたう、そこには自分で何かを表現したい気持ちもあるでしょうけど、相手もうたっているから自分も一生懸命うたうという相手に対する思いがある。片田舎のお婆さんがしみじみとうたう子守唄が強力に心に残ったりするのも、そうでしょう。音程が外れていてもリズムが狂っていても、心に沁《し》みる歌というのは、そういうもっともピュアなところに通じるものなんじゃないかと思うわけです。

生きるためにリズムを揃える

久石　もう一つ大変印象的なのが、イヌイットの人たちの話でした。それはクジラを食べる部族はリズム感がよくて、みんなと合わせてうたうことができるけれど、カリブーというシカを食べる部族はリズム感が非常に悪くて一緒にうたうということができないんだという話なんです。

イヌイット（小泉さんはエスキモーと書いていますが）の人たちは厳しい寒さの中で生きていますから、食べ物の捕獲が死活問題になるわけです。カリブーの肉というのは大変美味《おい》しくて、昔はかなりの部族がカリブーを食べていたらしいのですが、その減少と共に絶滅してしまった部族もたくさんある。ですから、カリブーを追ってつかまえることのできるイヌイットの人たちというのは、生存競争に生き残ってきたかなり少数精鋭の部族なわけです。

だが、カリブーは基本的に一人でつかまえられる。そういう生活をしている人たちはリズム感もよくないし、たった二人であっても声を合わせられないというのです。

一方、海でクジラを獲《と》るのは、一人ではできない。みんなで力を合わせて捕獲する。それをみんなで分ける。クジラは年に二度しか捕獲のチャンスがなくて、その時に一気呵成《かせい》に力を合わせるわけです。では、クジラのいない時には彼らは何をしているかというと、みんなで声を合わせ、リズムを揃える練習をしているんだそうです。だからリズムも揃うし、一緒に声を揃えてうたえるんですね。

要するに、こちらは生きるために人と声を合わせ、リズムを合わせ、呼吸を合わせることが必要になった。

これはもう、音楽の意味というより、人が生きていくことの意味を考えさせられる話だなあと僕は思ったんです。

どっちもあり

養老　今のイヌイットの話のいいところは、どっちがいい、どっちが利益が高いということではないところにありますね。カリブーを獲る部族の方は、別に拍子を揃えなくても生きていかれるなら、そんな余計なことはしないという動物の本能的なあり方です。きわめて自然ですよね。クジラ派が幸せで、カリブー派がそうではないということではない。どっちもその環境に適応した生き方であるということがよくわかるエピソードです。

久石　どちらも生き残れた。ただスタイルが違った……。

養老　今の傾向というのは、こういう話を聴くと、「だから皆さん一緒にリズムを合わせなければいけませんよ」というところへすぐ結論づけようとするでしょう？　もちろん協力して合わせるのはいいこと。それはそれでいいけれども、そうではない生き方もまたありだよ、ということ。そういう考え方ができなくなっている。

いい例が禁煙運動ですよ。

久石　喫煙派にとっては真摯《しんし》な問題になってきましたよね。今の流れはどう考えたってやり過ぎですよ。世の中が機能していく時に、何か一つ「こっち」と決め付けてみんなでワーッと突き進んでいくのはまずい。今、その対象に完全にタバコが入っているでしょう。

養老　ポジティブなものはいいんだけど、ネガティブなことに対してはいけないと思う。「こうしよう」というのはいいけれど、「こうするな」を一つに絞り込んでいくのはよろしくない。

ドイツ人は禁止するのが好きなんだよね、昔、子どもがまだ小さい頃にドイツに連れて行った時、最初に覚えた単語は「フェルボーテン（禁止）」だった。どこに行っても書いてあるから。そもそも禁煙運動を始めたのはナチスですからね。

久石　余計なことしてくれますね（笑）。

養老　あの当時、タバコを吸わなかったのはムッソリーニとヒットラー。吸ったのはチャーチルとルーズヴェルトとスターリン。だから、「タバコ吸わないと戦争に負けるよ」と僕あちこちで言ってるんだけど、全然通じない（笑）。

タバコにしても、良いとか悪いとか一方的に決められない。物事はもっと複雑にできていて、利益があれば、逆に必ず反動があります。その反動に対して、また何か作用がある。決め付けちゃダメですよ。

他者との同調システム、ミラーニューロン

久石　人間が他者と合わせようとするのは、どういうメカニズムなんでしょうね。

養老　脳からいうと、たぶんミラーニューロンというシステムにかかわりがあります。

動作を真似する。自分がある動作をしている時に興奮するニューロンが、他人がその動作をしているのを見ても、興奮する。それは最初「見る」ことによって発見

されました。最初は、研究者がアイスクリームを食べていたら、サルが反応した。サルに与えると食べるんですけど、ますます強く反応する。

そんなところから見つかったんだけど、僕は脳はそれをもう少し広く持っているんじゃないかという気がします。一番わかりやすいのはポルノグラフィーです。他人の性行為を見て、なんで興奮しなきゃいけないんだと思いません？　本来、自分とは何の関係もないんですから（笑）。それが移る。自分の方が興奮してくる。

視覚以外のことについてはまだ証拠は見つかっていないんですが、人間のような社会的な動物は、ニューロンだけでなくて、ミラーニューロンに類した神経システムを持っているんじゃないかという気が僕はしています。人間の脳には、そういうシステムがおそらく古くからあった。それはサルにもあることでわかるんです。

相手がやっていることと、自分のやっていることが、根本的に同調するようになっている。

最初に見つかったミラーニューロンは、人間でいえば言語野、運動性の言語野にあります。たとえば、子どもがよく言葉をオウム返しするでしょう。あれは、それがきいている可能性が高い。喋っている相手の脳の動き方と、自分の脳の動き方が同期しているのではないか。

お喋りはそうなんです。文字言語は相手の言っていることを順繰りに理解しようと考えますが、お喋りは、相手と自分との脳の中身が一緒くたになって、半分は自分が喋っている感じになる。だから、わけのわからないことを言われると反発するんだ（笑）。そういうふうにはこっちの脳は動かないから、「そりゃヘンだよ」という話になるんです（笑）。

根本的に人と人が理解するのは、理屈じゃなくて「共鳴」ですよ。

養老

肥大した脳みその使い方

言葉は共通なものであるということが前提になっている。相手と自分が同じことを言っている、その状態を「わかる」とか「共感する」というわけです。つまり、相手の脳と、自分の脳が同じように動かなきゃいけない。

人間は、それを理屈で「わかったことにさせよう」とすることがある。いわば強制了解です。たとえば算数をやらせて「わかった？」「わかった？」と無理矢理わかったことにさせていく。強制的に了解させられるので快感につながらない。だから子どもが算数嫌いになるんです。

感覚的なものにはそれがありませんから。強制了解させられることはない。わからないものはわからない。それこそ蓼《たで》食う虫も好き好きで、虫が嫌でしょうがないとすれば、それは強制されないんですね。

論理は人と共通項を持つことだということは、たいていの人が納得できます。しかし、感情だって、実は共感性が大事なんです。共感しない感情を誰かが持っていたら気持ち悪くてしょうがない。

僕は横須賀線で鎌倉から東京までずっと通っていましたけど、すごい満員電車なんです。僕が、たとえばホームにいる時から突然笑い出して、電車の中でもずっと笑っていたら、あの満員電車でも僕の周りが空きますよ(笑)。共感されない感情がもろに出ていると、人は絶対警戒しますからね。

久石　そりゃあそうですね。警戒しますね(笑)。

養老　感情は自分独特のものだとみんな思っていますが、それは状況とかタイミングといった要素がズレているだけで、本来は共感するものなんです。論理と同じように。

脳みそって、そういうふうに社会性動物として互いを共通にするためのものですよ。

昔からの化石になっている動物を含めてずっと並べると、あとになるほど脳が大きくなる。それを「脳化」といったんですけど、そのどん詰まりが人間。その人間のやることがまた行き着くところが都会という社会。だから、それを脳化社会と私は呼んだんです。人間はその肥大した脳みその使い方を間違えてはいけないんです。

時代の共鳴

久石　時代の共鳴というのもありますね。

養老　ええ、非常に大きい。

久石　全然違う分野であって、相互に話し合いをしているはずもないけれど、そこに何か時代との共鳴感が通奏低音のように流れている。いい創作というのはそういうものではないかという気がするんですよ。

　というのは、村上春樹さんが『海辺のカフカ』(二〇〇二年九月刊行)を書いていた頃、宮崎駿さんは『千と千尋《ちひろ》の神隠し』(二〇〇一年七月公開)をつくっていた。村上さんが『アフターダーク』(二〇〇四年九月刊行)を書いていた頃、宮崎さんは『ハウルの動く城』(二〇〇四年十一月公開)をつくっていた。それぞれ、ほぼ同じ時期に世に出てるんですよ。

『海辺のカフカ』も『千と千尋の神隠し』も、作家性がはっきり打ち出された長篇で、非常に明解なラインがありました。

『アフターダーク』と『ハウルの動く城』は、両方とも中篇です。『ハウル』も二時間あるから長い作品ではあるけれど、宮崎さんの原作ものではないですから。しかも、宮崎さんは戦時下での人の気持ちを丁寧に描きたくなる人なんだけど、あえてそこをあっさり片付けて重いテーマにしなかった。『アフターダーク』も村上さんの作品では珍しいタイプの、ちょっと視点が違う、三人称目線の作品ですね。重くならない方向にいっている。

その頃というのは二〇〇三年にイラク戦争が始まって、日本も小泉（純一郎）首相の下、自衛隊を派遣するなど、きな臭いムードが漂っていた。現実の世界がみんなの心に重くのしかかってくるような時代だったので、逆に作家としては重苦しいテーマを掲げないというスタンスを取ったのではないか。宮崎さんと村上さんに直接の接点はないと思うんですが、時代における作家のあり方として相通じるところがあるように僕は感じたんです。

作家というのは自分の中から湧き上がるものを自由に形にすればいいわけではなくて、やはり社会の影響と無縁ではいられない。その時代の空気の中で生み出すべきものがある。そんなことを強く考えさせられたので、僕自身も当時出したソロアルバム『ＦＲＥＥＤＯＭ』はメッセージ性や作家性を抑えたものにしました。

養老　そこを汲み取れないと、大勢の人たちから共感してもらえない。「なんだ、これ?」になってしまう。

久石　そうなんですね。そして『崖の上のポニョ』（二〇〇八年七月公開）ができて、『１Ｑ８４《いちきゅうはちよん》』（二〇〇九年五月刊行）が出る。面白いのは、今回、宮崎さんは個人的な世界観に徹底的に入っていった。村上さんは、大衆寄りのものを書こうとしたという気がする。その違いはあるんですが、どちらも非常にキャラクターが強く物語性が強いという類似性があるんですよ。世界観の掘り下げ方は異なるわけですが、長篇のエンターテインメント性の強いものを出したところは一緒。宮崎さんも村上さんも、つねに今という時代に寄り添って、なおかつそこから普遍的なものを探している気がします。

偶然の重なり

養老　歴史はフランス語では「イストワール」といって、筋のある物語をつくることでもありますだけど、最近、物事が偶然ぶつかった中でのストーリーのような、そういう歴史を書く若い作家もいます。

実際に事故の調査なんかすると、大きな事故というのは、不幸が偶然重なるものなんです。なんでこんなことが重なるんだ？　ということが重なって起こる。必ずそうなんです。

歴史も僕はそうなのではないか、という気がする。この前の戦争なんかも必然性がない。偶然がぶつかり合った結果、特攻隊や原爆までいってしまった。それを筋にしようとしても無理だということです。

僕は歴史物語が好きですが、実際の歴史はどうだったかというと、たぶん違うだろうと思う。クレオパトラの鼻ですよね。

久石　なるほど。

養老　その程度のものなんです。だけど、物語にする時は、やっぱり大きな話にする。共鳴とは、その中にまさに偶然に起こってくるもので、ぽーんと入ってしまうと大きな話になる。不幸の方であれば、大事故になっていく、あるいは戦争とか。

そこを注目する人は、人生はやっぱり薄氷を踏むように、いくら用心しても、やっぱり偶然重なっちゃったらどうしようもない、と思うでしょう。一般の人が、どっちの見方をとるか。つまり物語をとるか、そういう偶然の集積をとるかは、やっぱりあるでしょうね。

僕は面白いと思うのは、ダーウィンが『進化論』を書いた時点からはっきりわかっているのが、バイ・チャンスでできてきたものが生き残るということなんです。自然淘汰《とうた》とはそうなんです。強いから生き残れるわけじゃない。偶然、たまたまそうなった。そういう考え方を、アングロサクソンの人は、あの時代からとっていたんですね。

久石　なるほどね。

養老　だから、彼らは話をつくるのが巧《うま》い。僕は十九世紀のイギリス小説をよく読むんですけど、やっぱり筋で引っ張るところが巧いですよ、要するに、ウソをつくのが巧いんだよ、彼らはやっぱり（笑）。自分は信じてないんだけど、人を信じさせることに長《た》けているんだね。あれはもう完全に確信犯の常習犯ですよ。

久石　その偶然で起こっているものの中に、ちょっと俯瞰《ふかん》でみたら、必然の偶然みたいなものがあるんですかね。

養老　そうなんです。だからそれを議論していくと、神とか運命とかいう話になってしまう。西洋はそれはもうギリシャ時代から古典的にやっていますからね。突然神が出てくるでしょ。筋と関係なくていいんですよ、そういうものだから。だけど、他は必然なんです。それ以外は必然じゃないと、人は納得してくれない。

オリジナリティは共感性の中にある

久石　作曲家はどうしても「個性的」という言葉を使われるんです。ただ、僕もだいぶ曲をつくりましたけど、そんな個性的なもの、完全に独自なものなんてどこにあるんだ、と思うわけです。

養老　そうでしょうね。だいたいもっとも個性的なものは誰も理解しない。一般性がありませんから。共感性を求めながら、そこにいってみれば刺身のワサビみたいに入ってくるのがいいわけです。これが完全に一般的だったら、コンピュータがつくった音楽でいい。

どこかには個性が出る必要はあるんですけど、根本には共感性がないと意味がない。まったく独自なものというのは定義によりけりですが、他人には関係がないんです（笑）。ところが、現代社会というのは、やたらとオリジナリティとか言い出して、むしろそれを逆のように見ている部分がある。感情とは人それぞれ異なるものなんだ、とか。本来は、ミラーニューロンではありませんが、共通であるということが基本にあって、その上での違いでしかないんです。

よく、「やっぱり古典がいい」とか言いますね、あれはどうしてかというと、それだけ共感性が強いからです。そこには何かしらの普遍性がある。

それを絶えず追求しているのがアートです。

僕、若い時は、まったくアートはわからなかった。世の中、論理だけしか通じないと思ってましたから。だけどだんだん歳取ると、それだけじゃない、論理は論理だが、論理だけでは成り立たないということを理解する。数学だってある程度までいくと、たいていの人がわからなくなりますからね。徹底的に論理的なはずなのに、そこに共鳴しなくなります。論理にもカベがある。

久石　音楽も根本的に共鳴を追求している。相手がわからなければいけないですから。ただ、一方で、共感性ばかりを追い求めればいいのか、それは違うだろうというところがある。本を書いてもそうですからね。売れればいいのか？　そうではないところがやっぱりあるわけです。
まったくそうですね。古典がいい、そこに普遍性がある、というのも、音楽に共感性が必要だというのも、かといって、そればかりを求めるのがいいわけでないこと

養老　も。僕がつねに課題にしているのもそういうことだと思います。オリジナリティとは、新しい共感を発見すること。共感しないもので、オリジナリティをつくり出している人、僕いっぱい知ってますよ。精神を病むことだってある。個性が行き過ぎた場合は、そうなっていく。他人がほとんど共感しなくなる。その綱渡りが一番難しい。それがアートでしょう？

あんまり独創性のあることをしちゃうと、まったく理解されないし、手前に転んじゃうと、大衆性になっちゃう。当たり前じゃないかという話になってしまうと、全然面白くない。当たり前でもないし、そうかといって、病院ではないというところ、その塀の上が、久石さんが歩いていなきゃいけないところ。「塀の上の久石さん」ですよ（笑）。

必然の答え探し

養老　さっきからずっと久石さんが話されていた中で、僕が考えていたのは、それぞれの音、音ないしはそれぞれのパッセージが、ある種の必然性をもって組み上がることが、良い作品になっている、おそらく。要するに、ここはこれでなきゃダメなんだと、そういうものを見つけ出したい。それが時間の中で構築していくということではないか、ということなんですね。これがこの位置からここへズレていると話にならないんだよというものがあって、その必然性を求めているわけでしょう？

久石　はい。

養老　創作される方は、みんなそう考えているでしょうね。それぞれの石がきちんとはまっている状態をイメージしているのだと思います。そのはまり方が、単純に絵に描いた餅《もち》のようなものではなくて、さまざまな要素を含み込んでどこから見ても必然性がきっちりとしたもの。それができると創作者はいいものができたと思う。

しかし大衆というのは、必ずしもそうではなくて、そこのところにちょっと別の要素が加わる。ある時は、まあどうでもいいや、まあ適当で、という感じである場合もある。むしろそういうものの方がウケる。作り手にとっては、それはちょっと本物じゃない、偽物なんだという感じがあるということでしょうね。

久石　そういうことです。大衆にウケるものがよくないわけではないけれど、それだけを追い求めるのは何か本質を捉《とら》えていないような感じがあるんです。

養老　そういう本当のことというか、どの部分もまったくゆるがせができないような構築物を、創作する人はおそらくみんな望んでいるんでしょう？

久石　ええ、おそらく。僕なんかは一番夢見ていますね。そうすると、それは自分で勝手に音をいじっていいかどうかという問題になるわけです。選んでいるのは俺だと思うのか、という。

その本当のものは何かを追い求める道をある程度進んでいくと、自分がつくっているわけではない、自分が音を選んでいるわけではない、と思えてくるんです。選んでいるのが自分なのではなくて、どこかにベストの答え、必然的な、すべてのピースがきちんとあるべきところにはまったようなそんな答えが、どこかに必ずある、それを探さなきゃいけないんだと。

それは、こう動いたら、こうならなきゃいけないというような原理主義的な意味じゃないんですよ。だけど、自分が選んでいると思うのと、何かがあるだろうと思ってそこに行き着くために徹底的に努力し、苦労することとは、やっぱり違うと思うわけです。

となると、作曲家といっても、自分の感性を動かして曲を書いているわけじゃないんです。こうしたならばどうなるんだ、これは何か違う、何か違う……と思って探していくような作業なんです。

主人公が勝手に動き出す

養老　小説を書く人がよく「ある所まで書くと、主人公が勝手に動き出す」と言うでしょう？　これは書いてない人はわからないと思う。「勝手に動き出す」というのは天から啓示が降ってくるようなものではなくて、必然の中で、こうとしか考えられないような動きをするということですね。いつでも作者がコントロールしてしまう作品というのは、やっぱりつまらない。

久石　そうなんです！　映画の脚本でも二通りのタイプがいるんです。

　登場人物としては、これこれこんな人が出てくる。こういうシチュエーションで、こんなストーリーだと。あらかじめ骨組みを考えて、起承転結がつくられているもの。こういうのはとてもまともなんですが、それだけに予想外の拡がりもない。もはや斬新《ざんしん》で画期的なストーリーなんて転がっていないですからね。基本的に、みんなもう世の中に出尽くしています。

　もう一つのタイプは、一点突破のようなやり方です。

　たとえば、ある男が、駅に降りてくるシーンのイメージが鮮明に頭の中にある。

平日の午後に新宿駅にいる男、この男は誰なのか？　サラリーマンか。しかし、ネクタイ締めてはいないだろう。となったら、これはサラリーマンじゃないよな。じゃあ、何をやっているんだ。どこに住んでいるのか。こいつが付き合う女はどんな女だ？　こいつがこういう人間に出くわしたら、どうするのか……と、こうやってイメージをどんどん膨らませて、ディテールをつくっていく。そうやって、人が動き出していった脚本を書くタイプがいる。僕が信じている脚本家は、後のタイプです。最初にストーリーをつくって、それに沿ってつくっていく。そうすると、「ウソ！　この人間がこんな動きするはずないじゃないか」というようなのが気になる。人物が生きてないんです。

一方、ディテールからつくっていくと、書いている本人もストーリーの結末がどうなっていくか読めない。まさに「主人公が勝手に動き出す」。映画音楽を作る立場としても、この手の脚本に出会うと幸せです。もうワクワクしますね。

養老　今の前者のやり方を僕は「ああすれば、こうなる」と言っています。頭の中で考え

何が起こるかわからないことこそ面白い

て、きっとこうなるはずだ、そうしたらこうなるはずだ……面白くないんですよ、全然。面白いことはそうならないところに潜んでいるものですから。

科学の世界でも、理論上こうなるはずだとか、実験でこういうことがわかるはずだとかいうのは、まさにそういうやり方です。

組織に勤めている人というのは、そういう常識の中に置かれているので、わりとそこに疑問を抱かなくなりやすいんですよ。それにいつしか慣れきってしまう。それは非常に危ない。極端にいうと、だから人生がつまらなくなって、だからうつ病になって、だから死んでしまいたくなるんです。

そうではなくて、こういう状況だったら一体どうなるんだろう。どこへ連れて行かれるんだろうという中にいたら、つまらないとか憂鬱《ゆううつ》で仕方ないと言っていられない。「ああすれば、こうなる」型の人はいっそ二重生活のテンション状態でも味わってみると、人生変わりますよ。

久石　そうですよね、緊張感が視点をズラしてくれるでしょう（笑）。

養老　僕は、旅行も目的を設定して予定を細かく決めて動くのは大嫌いなんですよ。だって何が起こるかわからないのが旅行なんだから。行った先で、どこか思いがけないところに迷い込んでしまっても、それもまたいいじゃないですか、どうせたいしたことないんだから。西行《さいぎょう》や芭蕉《ばしょう》みたいに、何に出会えるかなあ、と西に東にうろうろしているのがいいんだ（笑）。

だけど、ある程度社会がオーガナイズされてくると、そういうやり方は、「無責任」だと言われてしまうんです。人間のために社会があるんじゃなくて、社会のために人間がある、そういう境に来てしまう。

どうも、今は向こう側に落っこちかけています。実にうるさいでしょう、あれしちゃいけない、何しちゃいけないって。法律ばっかりつくって。それやると、当然、人間は幸せじゃなくなってくるんですよ。その関係が読める人が政治家をつとめているようには思えないね。

ただ、官僚はそういうことを読んで行動しますからね。そうすると、人間のことですから、どうしても自分の都合のいいようにする。しかし今の社会なんて、意図してやっているとは思えない。独りでにそうなっているんですよ、やっぱり、ある種の必然で。

それを、どうやって壊したらいいのか、そこのところがよくわからないんだけどね。

第六章
人間はみな芸術家

自分の一生は作品である！

養老　「音楽も人の一生と同じですよ」と久石さん言っていたでしょう？　始まりがあって、盛り上がりがあって、終わっていくと。僕、さっきからそれを考えていたんです。今の教育とか常識の中から、自分の一生が作品だという考えがすっかり消えてしまっているな、と。人生は作品なんです、やっぱり。

久石　「修行」という言葉はそれと結び付いていたと思う。滝に打たれたり、坐禅《ざぜん》を組んだりすることが何になるんだ、と思う。その典型的な例が千日回峰行《せんにちかいほうぎょう》ですよ。七年かけて比叡山《ひえいざん》の霊場をひたすら歩き回ったり、九日間にわたって飲まず食わず眠らずに坐《すわ》りつづけ真言を唱えたり、そんな苛酷《かこく》な行をやって何の意味があるんだ、と思うかもしれない。

しかしやり遂げた人は、大阿闍梨《だいあじゃり》の称号がもらえます。つまりそれを成し遂げたということが功績であり、その人自身がある作品と見なされるということです。大阿闍梨というのは、悟りを開いた人ということで、ものすごい敬意を払われる立場なんですよね。京都御所への参内《さんだい》が許されるんだけど、普通は土足厳禁の御所内に土足のまま入ることが認められているというのを本で読んだことがあります。そのくらい偉大な業績、偉大な作品だということですよ。人の一生が作品だという考え方と修行というのは切っても切り離せないでしょうね。

養老　今の人たちに欠けているのは、自分の利益にならないようなことを受容するという考えだと思う。与えられた素材がどんなものであれ、ともかくそれで我々は作品を描かなきゃならないんですよ、一生。そういう考え方が持てれば、こんなことやったって何にもならんだろうと思えることも、きちんと別の意味を持ってくるわけですね。

自分の一生というのは、たとえ汚い安いキャンバスと絵の具しかなかったとしても、それで描ける最大限の作品なんです。そういう課題を自分が与えられているという感覚が、昔の人は暗黙のうちにあったような気がする。それが、修行のようなところに出ていたんだと思います。

久石　サマセット・モームの『月と六ペンス』で、タヒチに行ったところで船長の男が自分のことを「私なりには芸術家のつもり」って言うでしょう。「私は生活そのものを通して、美への情熱を表すんだ」というようなことを言う。今、そのことを思い出した。「俺の一生は俺の作品だよ」という考え方ですよね。

養老　人間はみな芸術家――そういう考え方が消えたから、芸術が弱くなったんです。
芸術とは、ある分野で、音楽なら音楽、絵なら絵で、一つの何かをとことんまで突き詰めた時のありようを示してくれているものなんです。なぜみんながそういうものに価値を見たかというと、自分の一生に重ねて考えることができるから。俺の一生もこういうふうに完成したいと、その作品に想いを仮託することができる。そこに生きている意味を感じることができるわけです。自分の生きる意味を神に預けてしまったら楽かもしれないけど、怠けますよ、みんな（笑）。そうじゃなくて、その人が作品、それぞれの一生がね――。

久石　人は作品、そのとおりだと思います。

養老　そうすると、わけのわからないことに向かって努力することもあり得るんだ、とわかってくる。人と自分の姿勢が異なったとしても、それはそれでその人の都合なんだということを、みんなが理解できるでしょう。

スタイルを変えつづけること

久石　ある年齢に達すると、今まで見えなかったことがはっきりと見えてきますね。歳を取ることは、今まではできていたことが一つずつできなくなっていくことだからつらいという人がいますが、できることがただ減っていくだけではなくて、逆に新たな景色もいっぱい見えるようになっているはずだと僕は思うわけです。

そういうことでいえば、歳を重ねても何らかの形で刺激をどんどん受け入れて、つねに自分を変えていく、そういう気持ちを持ちつづけることが大切なのではないかと思うんですね、とくにこれからの時代、老後と呼ばれる時代が長いわけですから。

たとえば、ストラヴィンスキーなんかは、『春の祭典』以降、あれこれ音楽のスタイルを変えるんですよ。その当時に流行《はや》っている手法などを自分に当ててはめてみて、やっぱり違うと思ったらやめて、また他の手法を試してみたりしながら、スタイルを変えている。

ピカソは九十歳まで現役でしたが、五十過ぎてからどれだけスタイルを変えたか。巨匠ですから社会的に実力はもう充分認められている。そのまま続けていても問題はないはずなんですが、そこに甘んじることができなかったのがピカソらしいところです。自分で自分に課題を出しつづけて追い込んでいた、それがピカソのエネルギーの枯渇しない理由だったのかもしれないという気がします。

人は変わっていくものであるという前提に立つならば、やはり、今この時というものをどれだけ大事にできるかですよね。明日の自分というのはもう違う。違っていいわけですからね。職業としての芸術家でなくても、人生は作品で、自分はその作品をつくっている芸術家だと考えれば、そうした芸術家の生き方の中に何か参考になるもの、ヒントになるものを見出《みいだ》すことができるんじゃないですかね。

養老　そうだね、僕も注意しなきゃいけないと思っているんです、この歳まで来るともうゴール見えてますから（笑）。意識的に努力してもダメだろうなあと思って、いろいろなことをあきらめやすい。これが老人の特徴なんでしょうね。

久石　養老さんのような方でもそうなんですか？

養老　そりゃそうですよ。ここで人生まだ半分だとは思えやしませんよ（笑）。

目的がはっきりしている社会的な役割みたいなことを求められると、考えちゃうよね。たとえば二〇一六年に東京でオリンピックをやりたいといって、その関係の役職をもし僕が引き受けたとしたら、それまでに死んじゃったらどうするんだという話になるでしょ？　そうすると、やっぱりそういう人間は外した方がいいじゃない（笑）。

久石　裏返しすると、そういう方にお願いすると、それまでは絶対死なないでいただけるといえるのではありませんか、考え方としては（笑）。

出でよ、ボケたふり老人！

養老　最近、世の中にトボけがないでしょう？　面白くないですよ。ボケたフリする老人が出てくるくらいじゃないと、面白くない。

久石　見事にボケたフリして、全部わかっている……そういうお年寄りってカッコイイですよね（笑）。

養老　うちのおふくろは長生きしたからしみじみ思うけれど、相当弱ってきてもあの人は実に人をだますのがうまかった（笑）。上手に若い人をだまして使っていた。

久石　いやあ、それは知恵ですよ。

養老　みんなだまされていたからね。九十過ぎて歩けなくなってね、「もう動けない」と言うんです。そこで僕は電動式でからだを起こせるような動くベッドを買ってやった。歳も歳だし、もうダメかな、と思うでしょ、ところがその一年後には、なんと起きて歩いていた。なぜかといったら、みんなが構わなくなったから（笑）。

久石　いいなあ、そういう九十代、僕の理想ですね。

養老　うちの息子は、婆さんの具合がもうかなり悪くて完全に寝たきりだと思っていた。婆さんは一階に寝ていて、息子は二階に寝ていて、ある時、なにか話の行き違いがあったらしいんだね。夜中に突然、息子の枕元に婆さんが座って怒っていたんで仰天した（笑）。

久石　寝たきりどころか、階段を上がっていくことができちゃったんですね、すごいな（笑）。

養老　最初、腰を打ったんだったかな、具合悪くてベッドで寝てなきゃいけないということになった時、僕の姉は「すぐ入院させよう」と言ったんだけど、僕は医者として、「入院させると碌《ろく》なことないから」と自宅で看《み》ることにしたんですね。ところが、一年経ったらそれでしょう？　あの時入院させておけば、今頃死んでいたかもしれないね、という話をした（笑）。結局、おふくろは九十五歳で死にましたけど、みんなで「あの人は大事にしたらいつまで生きたかわからん」とよく言ってましたよ（笑）。

久石　なんだか明るいご家族ですね。

養老　そうだよ、本人がいる前でも平気でそういう話をしていた。ところが、今はそういう雰囲気ではないでしょう？　老人介護というと、みんな深刻で、暗くてさ……。

久石　やっぱりそのお母さんは作品ですよ。人間として。

養老　そうです。そういうのを見ていたからね、やっぱり人間の一生というのはそういうものだろうと思う。ある状況になれば、その状況の中でやっぱりベストを尽くして生きているわけで、それをなんだか可哀想なことだとか、世話をしなきゃ、介護しなきゃと義務感で考えてしまうと、そりゃあ看る方も看られる方も苦痛になりますよ。

久石　どんどん暗くなっていきますね。日本人はとくに慣れてないんじゃないかな？　そのへん。

養老　親の介護をするので仕事辞めます、という人がけっこういる。親の介護が人生の先にくっついていて、そういうことになると、その先自分の将来もどうなるんだろうと先行き不安にもなりますよ。
　今の社会、働いて生活していく能力がなくなった人がどうやって生きていくかということに対して、生存の価値が認められるような扱いが根本的にされていないんですから、どうしようもない。老人というのは、「あのボケ方は立派なもんだ」と尊敬されるくらいの方がいいんだ。
　僕、ボケたフリしますかね。フリしなくても大丈夫か？（笑）

自然な融合社会

久石　長野でパラリンピックを開催した時〔一九九八年三月五日開会式〕に、僕は総合プロデューサーを務めさせてもらったんですが、その時に障がい者に対して大事なことを一つ学んだんです。それは、やたらと手を出さないこと。

日本はボランティアの人が何から何まで手伝ってあげようとする傾向があります。スキーだったら、周囲の人が持ってあげて、リフトに乗る所まで付いていって、乗せてあげて、上へ行くと、今度はスキーを履くのを手伝ってあげる。

外国から来た選手を見ると、みんな自力ですよ。口で靴紐《ひも》を締めたりして。やれることは全部自分でやり、どうしてもできないことだけ"Help me"とサポートを頼む。

日本は、何かとしてあげ過ぎなんです。食事をしていても、周りの人が取り分けてあげたり、いろんなことをしてあげる。ヨーロッパの選手なんかは、「してくれるな」とみんな言います。「できなかったら言うから、その時は手伝ってくれ」と。

その違いを見て、結局、日本の社会はまだ障害のある人との接し方、付き合い方がわかっていないと思いました。

　パラリンピックの関係で、アトランタに視察に行ったんです。バーに行ったら、障がい者の人たちがみんな勢いよく飲んでいた。酔っ払った勢いで、ウエイトレスのお姉ちゃんのお尻《しり》を触ったりしてね、普通にやっているんですよ。それ見ていたら、明るくていいなあ、これが自然な形だよなあと思った。

　障がい者の人の中にも、いい人もいれば悪い人もいるし、暗い人も明るい人もいる。お酒飲んで酔っ払いもするし、ちょっとエッチな気分になってちょっかい出したりもする。何も変わらないんだ、普通に接すればいいいんだというのを感じましたね。

養老　そうですよ。僕は精神科の病院にちょっといたことがあったんですが、昔は大部屋だった。その中に二十歳ぐらいの女の子がいたんだけど、自分で着物を着ることもしない。ものも食べられない。ボーッと立っているだけ。そうすると、患者さんの中で調子のいい人が、寄ってたかって面倒みるんですよ。ああ、ちゃんと支えてやろうとしている、と感動した。
　そういう人を、他人の面倒をみているくらいだからもうよくなっただろうといって退院させたりすると、問題起こしてまた戻ってくる（笑）。一般社会に適応できない人にもそういう程度の差のようなものがあって、できない人がいると、必ずそれを面倒みる人がいる、ちゃんとそういうふうになっているんです。僕はそれ以来、人間社会をある意味、楽観的に見るようになりましたよ。

そういえば、僕らの小学校の頃は、知的障がいの人も一緒に同じクラスにいましたからね、たとえばダウン症の子がいた。だけど、その子が排除されていたかというと、そんなことはない。やっぱり誰かがちゃんと面倒みていた。誰がやっていたんだろうと考えてみると、クラスでいつもビリの方にいたやつなんだ。自分よりもっとできないやつがいると、その面倒をみてやらなきゃ、というメンタリティが働く。そういうアナログな構造があるんです、人間には。

ところが、今は、この人は障がい者だと認定すると別枠にしてしまう、あれはデジタルな発想ですよ。とても非人間的な感じがするね。

久石　そうですね。おかしくしているのは健康な人のわがまま

養老　一番悪いのは健康な人の勝手なわがままじゃないかという気がする。

久石　うん、すぐ手を出したり、口を出したり。

養老　善意的な発想なのはわかるんですよ。ただ、老人にしても病気の人にしても障がい者にしても、そういう人にはそういう人なりに、自分でどうするかを決める自由があるわけです。

医者の視点からすると、むずかしい問題があるんですよ。たとえば、もう治らない状態である場合に、いつから車椅子を使い出すかとかね。車椅子を使わないなら、自力で動く訓練をせざるを得ない。それは本人にとってはとても大変なことです。車椅子を使わないで頑張ることによって、自力を維持できますけど、そのためには本人は苦しい思いをしなくてはならない。その点、車椅子使ってしまえば何でもなく移動ができるから楽ですよ。その代わり、自力で動く望みがなくなることを意味する。そこらへんをどう判断するか、むずかしい。

「人生は作品」ということで考えるならば、その人がどういう作品を描きたいかによって違うんだと思うんです。最後まで自力で頑張ってやろうという人がいてもいいし、そんな苦労することはない、とさっさと車椅子を使って、ケラケラ笑って過ごしている人がいてもいい。そういう意味の自由度というものが、今はどんどんなくなっている、狭められているような気がします。

第三者が人の作品に手を加えてはいけない。へたくそだなあ、見てられないよと思ったとしても、他の人が「私がもっと上手に描いてあげますよ」と手伝ってくれて綺麗《きれい》に描けたとしたって、そんなものはうれしくないでしょう。

介護でもそう思います。ある意味、冷めた目というのが必要なんですよ。要するに、なんで健康な人がすぐ手を出そうとするかというと、手を出さない自分が不安なんですよ。大変に違いないからやってあげよう、きっと困っているに違いない、助けてあげたらうれしいに違いない……すべて、健康な人の勝手な言い分、勝手な都合です。言いようによっては、ちょっと「上から目線」的だといってもいいと思う。対等な目線でものを見ていたら、そういう発想にならないですからね。

久石　悪いのは自分じゃない？

久石　虫捕りに山に行っても、子どもたちが道から出ないという話がありましたが、その「道から外れない」感覚が、自分で考えて動く、自発的に行動するという姿勢の欠如につながっているような気がするんです。

たとえば、最近の若い人たちは、「言ってくれたらやります」と平然として言うわけです。これは考えようによってはとても傲慢《ごうまん》だと思うんですよ。できるんだけど、言ってくれないからやってないだけ、ということでしょう。何をして欲しいか言ってくれたら、ちゃんとやりますからなんていう発想は、それこそ何様のつもりだ、という話ですよね。

養老　会社という組織に入ったら、必然的にそこでやらなければいけないことというのがあるわけで、それはいわれてやるものではない。自分で何をすべきか、どうしたらいいかを考えて動くものです。それを全然考えようともしないで、「言ってくれたらやりますよ」というのは怠慢きわまりない話です。

学生を教えていて一番腹が立つのは、「僕は頭が悪いからわかりません」と言うやつ。完全な開き直りでしょう？　頭が悪いのは俺のせいじゃねえ、神様か親に言ってくれという話だから（笑）。教師としてはそれを言われたらバンザイするしかない。

言ってくれたらやるということは、言われたら何でも自分はできると思っているということですからね。そんなのできるか、と僕は思っている。医者になったら本当にそれがよくわかりますよ。

僕の後輩で救急医療をやっているやつがよく言っています。「今の医者は、教科書どおりの症例が来れば何とかするけど、教科書から外れたら何もできない」と。

だから、僕は講演の時に「皆さん、くれぐれも教科書から外れたケガはしない方がいいですよ」と言って歩いている（笑）。

久石　つまり、マニュアルにないと対応できないということですね？

養老　そう、マニュアルになかったら何されるかわからないから「ケガする時は注意しなきゃいけないよ」って（笑）。

共同体に求めるもの

久石　共同体に僕らは生きています。会社だったり、あるいはこの日本という国だったりというところに所属して生きています。ところが、今やその共同体が共同体として機能しなくなりつつあって、何を信じたらいいかわからなくなっていますね。養老さんから見たらどう映りますか、この状況は。

養老　乱暴にいうと、会社は社員を丸抱えして終身雇用で、一生それこそ社宅から年金まで面倒みようとしていた。それが昭和的社会。ところが、そういうことができなくなった。それはそうなんです。会社というのはやはり仕事によって成り立っているところですから、そこで丸抱えは無理です。仕事そのもののことを考えれば、無駄なコストになりますから。だから、もともとあった村という共同体をどうやってつくり直すかということなんだと僕は思っています。

その村の形が見えない。新しい村の形がね。いわゆるグローバル化が起こったものですから、人が激しく移動する。昔風の共同体は今の世の中にはつくれなくなっている。

久石　思いきって拡散させてしまって、個人の力量でやるしかないと、一方の端にはそういう考えがあるだろうし、もう一方の端には、なんとか昔風の共同体を再構築する術《すべ》はないものかという考えもあるでしょう。

僕は古い人間ですから、人間というのが完全に個の存在として、地球全体が一つの共同体だということにはなり得ないと思う。なぜなら、地球全体が個になった共同体というのは、トップがいつ北朝鮮の親玉になるかわからないような状態ですから。生き物はつねに多様性を維持してきている。それが生き残りの道です。

養老　日本は、宗教にしても八百万《やおよろず》の神だった。その多様性が、逆に宗教に対しての客観的視点となってきた面があります。

そうです。だから安心してみんなばらばらでいられたんですね。だから、どこを統括してどこをばらばらにしておくか、そのばらばらになった部分を「自由」と言っているわけで、その適当なバランスがわからないわけです。

平成・参勤交代のすすめ

養老　さまざまな現実問題を解決するためにね、僕は、日本人がみんな参勤交代するようにすればいいと考えているんです（笑）。帰る田舎をつくれということ。

久石　里帰りのすすめですか。

養老　盆と正月の数日間とかケチなことを言わないで、二住居制を許して、二月《ふたつき》なり三月《みつき》なり、田舎で暮らす。残りを都会で暮らせと。田舎行って山の面倒みろ、田畑の面倒みろということです。これは一斉にやらないと意味がない。都会に残って自分だけ出世しようと考えるやつが必ずいるから（笑）。

久石　いますね、いますね（笑）。

養老　江戸時代を思い返してみればわかる。参勤交代で、ずいぶん街道筋が賑《にぎ》わいました。人が動きだしたら、内需拡大になるでしょう。わかりやすいのが高速道路の料金値下げ。通行量がぐっと増えたじゃないですか。

久石　なるほど。あれもまた、ずいぶん単純な理由だと思いますけどね。

養老　そう、あんなもので動くんですよ。田舎に人が行くようになれば、過疎対策にもなる。森林など国土の見直しができる。田舎が災害時の避難場所にもなる。
　大地震が来た時に、今のままだと東京の人たちはみんなどこへ行くんでしょう。当分の間、どこかに行ってなきゃいけないでしょう？　公園に仮設のテント村をつくったところでたかが知れている。仮設住宅を建てる土地もない。水はどうするんですか。来るよ、地震、必ず。そういう時に、普段から行っている田舎があれば、とりあえずそこへ引っ越しておくことができる。

久石　今、田舎暮らしをしようとする人が少しずつ増えているんですよね？

養老　それはほとんどリタイアした人たちでしょ。現役で働いている若い人たちが動かなくてはダメなんですよ。だいたい定年後の田舎暮らしって、旦那《だんな》の方は田舎に行こうとしても奥さんがけっこう拒否するらしいですね。

久石　だってどこに行っても女性は女性同士で、すぐ友だちをつくって仲良くやるじゃないですか。

養老　買い物に行けない、しゃれたレストランがない、美術館がないとか言って嫌がるんですって（笑）。ないもの尽くしでストレスになるというのが女性の言い分らしいですよ。

しかし、都会とパラレルだったら成立するでしょう。

都会というのは「意識」なんです。田舎は「からだ」なんです。社会というのは人間のつくっている世界ですから、人間個人と社会は同じ構造です。今はみんな都会化して、頭でっかちになっている。無意識が置いていかれているというのは、からだが置いていかれているということなんですよ。都会と田舎を上手に往復することで、心身ともに健康になることができますよ。

地方自治とリンクさせるんです。日本中に、今、いい道路が無駄に張り巡らされているんです。田中康夫が長野県知事だった時に聞いた笑い話があるんだけど、県の職員が「長野県もようやく道路網が完備して、一番辺鄙《へんぴ》な山の部落まで道路ができました」と晴れ晴れと言ったというんだね。そうしたら、その部落の中で一番不便なところにあったうちが大喜びして、道路が通った次の日に大型トラック呼んで、家財道具詰め込んで、引っ越したって（笑）。

久石　何のための道路だ！（笑）

養老　そう。だから参勤交代なんですよ。「平成・参勤交代」を推し進めたら、そういう道路も無駄骨、無駄金でなくなりますよ。

野生の感覚

養老　根本的に僕の言うような生き方をすることが、みんな不安らしいね。「どうしてそんなに平気でいられるんですか、不思議です」とか言うけれど、僕からしたら心配すればなんとかなるのか、そっちの方がよっぽど不思議で仕方ない。生きてて安心しようなんていうのは間違ってますよね。生きているということは安心できないことなんだから。

あれも心配だ、これも心配だというやつには、僕訊《き》くんですよ。「そんなに心配ばかりして、おまえ、いつ死ぬんだよ？」と。「そんなことわかるわけないじゃないですか」と言う。「それがわかってないのに、何を心配してるんだよ。世の中どうなろうと、てめえが死んじまったら関係ねえだろう」って。

こうすれば損するとか、ああやったら儲《もう》かるとか、「ああすれば、こうなる」ということばかり考えて、いろいろやっている人を見ると、「そんなこと一生懸命考えるんだったら、背中に自分の命日書いておけ」と言いたくなりますね。書けるか、そんなもの。

久石　そうですよねえ。

養老　こっちは大真面目に言っているんだけど、何かそういうことを言うと、やけくそ言っているみたいに聞こえてしまうらしいんだな（笑）。

久石　「ああすれば、こうなる」みたいな枠組みに捉《とら》われた思考ばかりをするようになってしまったのが、現代の問題点の根幹の一因とするならば、参勤交代ではありませんが、やっぱり「野生の思考」的なものをいま一度見直すべきかもしれませんね。

レヴィ＝ストロースの『野生の思考』（みすず書房）などが言っていたのも、人間は本来敏感な反応ができたはずで、どれだけそうした感覚を持って生きているかが肝心なんだということでした。今、明らかに感覚というものが衰退の道に入っている。我々のアンテナが鈍っている。そのことによる問題がさまざまなところに出ている。

やはり野生の思考に戻るというか、本来、人が持っているものに回帰するような日々の過ごし方というのを考え直さないといけないんじゃないですかね。

養老　そういうこと。文部科学省は「生きる力」といいました。言葉にすればそういうことなんだけど、ぴんと来ないでしょう？　今の人は生きているという感じが見えないんです。自然に入っていくことが感覚のバランスを取り戻すことになる、ということを言いたいんですよ。

第七章
「もののあわれ」とAI

和音が人の心を豊かにする

――そもそもお二人の出会いは、いつ頃だったのでしょう？

養老　覚えていないなあ。

久石　ラジオ番組でしたよね。

養老　ああ、そうでしたかね。

久石　それ以前に、同じ番組に一緒に関わったことはあったんです。『NHKスペシャル　驚異の小宇宙　人体』なんですが、そこに養老先生が出演されていて、僕はその番組の音楽担当でした。そのときはそんなに直接話はしなかったんですが、しばらくして、ラジオ番組で対談をすることになって、そこで初めてゆっくりお話ししたように記憶しています。

――養老さんは、久石さんのことを「〝まともな人〟だった」と、本書の底本である『耳で考える――脳は名曲を欲する』（角川書店）のまえがきに書かれています。

養老 そんなこと書いたかな？ すみません、覚えてないな。

久石 僕はまともなフリがうまいだけですよ。（笑）

――この本の出版が二〇〇九年ですから、十五年たちました。十五年前の養老さんの年齢が、いまの久石さんとほぼ同じぐらいになります。養老さんが七十歳でしたからね。

久石 あ、そうか。僕なんかはちゃんと理論をもっているわけではないので、先生のお話についていくのに精一杯だったのを覚えています。

たとえば「音楽というのは、時間の進行によってできるものだから、時間軸の中で成立するものだ」とおっしゃっていて、当時はまだ、そういう論理的な認識はしてなかったので、対談によって気づかされました。この十五年で少しわかったかな……。本当にちょっとね。

多くの音楽は、情緒に流されるし、感情に訴えかけてくるものなので、「音楽で泣ける」といった受け止め方をするケースが多いんですけど、音楽は論理なんですね。

ピアノの鍵盤番号でいえば、真ん中のちょっと下の、三十七番の「ラ」の音は、(平均律周波数は) 二二〇サイクル、オクターブでいえば四四〇。一対二ですよね。違った音だと比はまた違ったものになる、ということ。

また、音楽には明確に数理的な原則があって、絶えず時間軸に沿って作られている。たとえば、「ド」↓「レ」、「レ」↓「ミ」……と、音が進行するプロセスで、当然時間も進んでいる。時間の経過がないと成立しないわけです。時間が絡むものはすべて論理的な構造になるということです。

最近、こうした論理構造の意味がよりよく認識できるようになりました。ただ、面白いのは和音ですね。和音というのは時間の経過が必要ないんですよ。空間なんです。空間のものを積み重ねていくとどうなるかというと、もっとも人の感情に訴えかけられる。和音が人の心を豊かにするんです。

後期ロマン派、例えばワーグナーやブルックナーというふうになればなるほど、複雑な音の進行で、微妙な心理を表現している。つまり、文学的な要素が入ったんですよね。そのように、音楽を区分けできるようになりましたね。

ＡＩは音楽を面白くするのか

――前回の対談から約十五年たって、変化を感じることはありますか？

久石　急激に広がったＡＩ（人工知能）ですよね。先生、ＡＩは興味ありますか？

養老　ないですね。いたずらでChatGPTを使ったことはありますけど。あるシンポジウムで挨拶をした人が、ChatGPTで挨拶の文面を作ったんだという話をしていたんです。じゃあ俺もちょっとやってみようかと思って、うちに帰ってやってみたんだけど。全然面白くなかった。

久石　実は、ChatGPTで作曲しないかというふうにお誘いがありましてね。最初に聞いたときは、ふざけるんじゃないと思ったんです。なぜかといえば、僕の今までの曲を全部覚えさせて、″宮崎駿風″みたいな曲を作らせようとしているんじゃないかと、直感的に思ったからです。もっといえば、自分の過去にさかのぼって作る曲に魅力を感じなかった。

でも、意識を今から未来に向けるとどうなるかと考えたわけです。たとえば今自分が取り組んでいる曲作りの場合、「一曲の中のＡというパートのメロディーを変化させなければならない」というとき、曲全体から考えると、使える音の数は、そんなに多くはないわけです。変えるのはメロディーの一部で前後関係もあるからです。通常は自分がもちろん考えるわけだけど、それをＡＩに考えさせる。あらゆる可能性をＡＩでシミュレーションさせるわけですよね。その中で自分が「これだ」と思うパターンを抽出して、また次のパートは次の可能性を打ちこんだメロディーを続けていく。それをずっと引っ張り出して行くと。

つまり、僕はこれまでＡＩを活用するとき、現時点から過去を勉強させることばかりを考えていたわけです。でも、未来に向かって使っていけば、無駄な労力を使う必要がなくなる。それによって、世界で初めての〝ＡＩシンフォニー〟を作れるのではないか、なんてことを思ったわけですよ。実際どうなるかわからないけれども、可能性としてはあるなと思った。

ただ、そうは言いながらも、いろいろと考えてしまうんですね。自力でアイデアを出したほうが自分が鍛えられるのではないかとね。鍛えるのをやめたら自分が弱っていくんじゃないかと。三つか四つの音の組み合わせを考えて、この音はこっちが先の方がいいとか、リズムはこうやって変えようとか……。自分を鍛えるためには、それを自分でやらないとダメなんだよねと。僕はもともとはアナログ人間だから、鍛えるのをやめた瞬間に成長が止まるんじゃないかという不安があるわけです。

養老　どうでしょうね、養老先生。

面白いですね。昔に戻ってしまうけれども、僕はカオスというのが気に入っていて、ファンタジーを倒す悪魔、カオティックな社会が好きなんですよね。あんまり規則正しく整然とした社会は好きじゃないんです。多分、自分の中のカオス性と、外側にあるカオス性というものがぴったりと合ったときがいちばん居心地いいんだろうなと思いますね。

久石　一足す一が二になる世界というのは、あまり楽しめないわけですね。でもそれを示す日本語がありますよね、「美は乱調にあり」って。あまりにも整っていると、「美」というのは成立しないんですよね。

たとえば真っ白いキャンバスの中に「ものすごく広い空間」を表現する場合、なかには「そのまま、何も描かなくていいでしょう」という人がいます。確かにそれも一理あるけれども、一点、墨を付けるんです。真っ白いキャンバスに一点だけ黒いものがあることで、余白がどれだけ大きいかを表現できる。

真っ白く何もない状態をそのまま表現すれば、広く見えると思いがちなんだけど、一点だけ墨という乱調を付けて、ある種のカオスを作りだすことで違って見えてくる。そう考えると、少し分かる気がしますね。

映画も同じことがあるようです。リドリー・スコット監督の『エイリアン』。これは（思想家の）内田樹さんが言っていたことなんですが、この作品は非常に整然と作られていると。ただ、一カ所だけなぜこのシーンが紛れ込んでいるのかがわからないという部分があるらしいんですね。しかしそれはネガティブな反応が起こしているのではなく、むしろインパクトがすごく強くなるというんです。それはわりとどんな映画にもあって、いくら論理的にできている映画でも、必ずどこかで、「なんでこのシーンが？」という一コマを入れることである効果を生む。だから単純な計算では成り立たない部分があるのだということですね。それはすごく共感しました。

翻《ひるがえ》ってＡＩに目を転じると、ＡＩに頼っていてはできないことってあるんですよね。ＡＩはいろいろな可能性を考えてアイデアをだしてくれるんだろうけど、それだけだと自分にはフィットしない。ものを作るというのはみんなそうなんですよ。

〝MISHIMA・GPT〟

養老 久石さんの話を聞いて思い出したのは、作家の平野啓一郎《ひらのけいいちろう》君が書いた『三島由紀夫論』です。平野さんはその作品で「小林秀雄賞」をとったんだけど、彼は律義なほどに三島のテキストを徹底的に読みこめば、三島が割腹自殺するまでのプロセスが理解できるのではないかという仮説を立てたんです。

でもね、三島が書く文章というのは、さっき久石さんがおっしゃったように、三島の書いた全テキストをAIに読み込ませて作ったようなものなんですよ。三島自身が書いているから、まぎれもなく彼の文章なんだけど、それ以上に彼の書くテキストというのは、実態や三島自身の体験から上がっていないわけですよね。つまりまったく実態に即していない。それが証拠に、彼の作品の中には「花鳥風月」がまったく出てこないわけです。僕は、三島の書く文章を〝MISHIMA・GPT〟と勝手に名付けたんだけど、三島のテキストをいくら解析したところで、三島の実態とか体験みたいなものはまったく出てこないんです。

そういう三島の特性をいちばん知っていたのは、おそらく橋本治《はしもとおさむ》さんですね。彼は三島由紀夫について書いていて、三島に関する展示もされていたんだけど、それをみると、本当に三島というのは人工的な人ですね。

（評論家の）松山巖《いわお》さんが、三島由紀夫の家に関する短い文章を雑誌に書いているんだけれども、それを読むと、三島の家にあるのは偽物ばかりだったようですね。ギリシャ彫刻とか、いろいろなものがあるんだけど、どれも安っぽかったと。

久石　突然ボディビルをやって肉体を鍛えてましたよね。

養老　三島が一時期居合いを勉強していて、しかも真剣でやるらしいという話を聞いた石原慎太郎が、「それはよせ」と止めようとしたんです。すると間もなく、案の定、三島はやらかすんですね。誤って真剣を鴨居にぶつけて切り込みを作ってしまったというエピソードもあります。身体と言語が完全に分裂している状態ですよね、三島は。

――三島由紀夫というのは虚飾の人だということですか？

養老　そうですね。三島由紀夫自身がChatGPTである。言語の論理があって、それを上手く動かしていけば三島の作品ができてしまう。あの人の作品をコンピュータにやらせれば一番いいんじゃないでしょうか？

久石　それは面白い。『午後の曳航《えいこう》』なんかはそういう感じかもしれない。華麗な文章でね。

養老　ああいう華麗な文章を作れるんですよ。

久石　華麗な文章ほど作りやすいのかもしれないですね。

養老　三島の文章は読む者に実態を錯覚させてしまうわけですよね。それは作家の、つまり究極みたいなもんでしょ？　三島はいまの世の中に生きていたら、もう少し生きやすかったかもしれないですよ。

「もののあわれ」と日本人の思考形態

養老　日本人の変化としてもう一つ感じるのは、技術者がホンネを言いづらい環境になっているのではないかということですね。

それを感じたのは十年ほど前、横浜市に建設されたマンションを支える杭が、本来よりも短かかったために、固い地盤に届いていないことがわかったという報道があったんです。つまり耐震性が保証されていなかった。完成したのは二〇〇七年なんですが、施工業者は、杭が設計通りにちゃんと地盤に届いているかを確認する義務があるんですが、それをやっていなかった。原因は施工のときに、納期を急いだためだったという話になっていましたが、現場で仕事をする人の立場から考えると、確認作業などに時間がかかって納期がやや遅れぎみになるというのならば想像できるんですよ。ちゃんとやろうとすれば納期は間に合わない場合もありますからね。

久石　納期を間に合わせるために無茶をやってしまったということですね。形だけを整えてしまうというか。

養老　そこが問題なんですよ。そういう仕事をやってしまうとなると、もう終わりだなという気がしますよね。

久石　何が変わったのでしょうか？

養老　納期とか人間の約束の方が重要になってしまったということですね。現場の職人の考えよりもね。

最近、ずっと言葉の問題を考えているんです。一言でいえば、「言葉が先か？実態が先か？」ということ。日本人のいいところは実態を先に置いてきたこと、つまり実態を優先してきたということなんですね。マンションの例でいえば、現場、職人という実態を優先してきたんですね、これまでは。ところがここへ来て、「納期」「約束事」という言葉が人間よりも優先されてきている気がします。日本人がヘタに言葉を優先し始めると、とんでもないことをし始めるので危惧しているんですけどね。

戦争中でいえば、「一億玉砕」「本土決戦」みたいなことを言い始めるんですよ。そんなことは無理に決まっているし、言っている人も無理だということがわかっている。なのに突き進んでいく、というようなことになりかねない。

いま世界中がそうなってきているんですよね。だから本当は日本がブレーキになってなければいけないんだけど。

久石　面白いですね。「実態が先だ」という態度が変化していくとなると、日本人の文化にもかなり影響を与えますね。

養老　日本人は物事が起こって言葉が生じてくる傾向が強いと思うんですね。その事例として、日本人は季節が変化して、折に触れて何かを感じる。それを「もののあわれ」だというでしょう。そこから詩や歌が生まれる。日本人はそういうふうに言葉を捉えてきたわけです。三島のように花鳥風月がない人は、日本人では少数派だと思いますよ。

僕は「上」と「下」という言い方をよくするんですが、「上」は言葉（頭）、「下」は実態のことです。つまり、日本人は「下」が「上」に影響を及ぼす。どちらかというと「下」に寄った言葉なんですね。だからたとえばオノマトペが日本語には豊富にありますね。「ニャーニャー」「がやがや」といった擬音語、「つるつる」「じろじろ」といった擬態語。日本人は感覚をオノマトペにするのですが、欧米系の人たちはダメなんですよね、幼児言語だという認識なので。

しかし、日本人は「上」にある言葉が、実態である「下」を規定する力が弱い。その典型例が、日本国憲法第九条ですよ。何を書いてあるか、議論さえしない。もちろん研究者やメディアなどといった一部の人たちは議論していますよ。でも国民的な関心になってこないでしょ。憲法九条などは、日本は現状が先にあって言葉ができる国民性だから、「憲法解釈」によって事を進める。〝目はこう言ってるけども、口ではこう言ってるよ〟みたいなことが出てきてしまうわけですよね。

久石　いまのお話と関係するかわかりませんが、「ものづくりの日本」などと言われて、日本の職人の腕のよさがクローズアップされることがありますよね。でも日本人が作るものについて気になっていることがあるんです。旧版『耳で考える』でも触れたことですが、(日本の伝統工芸品は別にして)レコーディング機材を例にとれば、イギリス人ってナマケモノのイメージがありつつも、圧倒的に最上級の機材を作っているんです。でも日本製は、それに匹敵するものは作れていなくて、安いものをものすごく精密にこしらえている印象です。飛行機もなかなか完成しないでしょう。ロケットも日本製はなかなか飛ばない。

以前先生が、日本語というのはもしかしたら論理的じゃないからかもしれないねという話をされていたんだけれども、それが影響しているのかなと思ったりしています。

養老 それは、日本人の場合は実態が先行するからです。こうでなければならないという論理が先行すると、それに伴って実態が変更されるわけですよ。日本人はそれをやらないんですよね。

久石 それを突き詰めていくと、日本人って何なんだろうという問いに行きつくんだけれども、実態に従順なんですよね、受け入れてしまうから。僕自身もこうあらねばならぬと思って多少対応しているのだけれども、振り返るとたいてい受け入れてしまっていて、数時間後か一晩寝た後で〝クソッ!〟と反省している日々なので。

でも、外国の人たちは「イエス」と「ノー」がはっきりしている。しかも反応が早い。いろんな国の人が全部そうであるわけではないけれども、大概の日本人の人は「イエス」と言うのが、感覚的には二〇パーセント前後なんですよね。「ノー」も二〇パーセント。残りの六〇パーセントはどっちでもないんですよね。「いいと思います」とか、いいのか悪いのかどっちなんだという反応をする。日本語というのはほぼそんな感じで表現されます。

自分を守るためなんですかね、断言したがらない。それをずっと繰り返していると、たとえばロケットを作るときに、「これでいいと思います」といった反応ではなかなかうまくいかないかもしれないですよね。現場はやはり「イエス」「ノー」でちゃんと決めていかないとダメだと思うんですよ。

養老　いずれまたそのうちとかね。時間的なものでも。

パイロットの適性を「人相見」で決めた日本人

養老　もう一つの例を言うとね、日本の戦争末期に、パイロットが足りなくなって、早く養成しなければならないというときがあったんです。パイロットですから、ある程度適性があるだろうと。日本はどうやって適性を調べたかというと、よく当たるといわれる「人相見」を起用したんです。それに対しアメリカは、心理学などの研究にもとづいて、どういう人がパイロットに向いているかを研究した。パイロットは操縦しているときに何を見ているか。パイロットに相応《ふさわ》しい人はどんな特性を持っているか……ということを「研究」したわけです。結局、何を見ているかといえば「キメ」だということがわかるんですね。操縦でいちばん難しいのは着陸らしいんですね。離陸はスピードをだして、操縦桿《かん》を引っ張ればわりと簡単なんだけど、着陸はすごく難しい。地上の一点に降りなければいけないから、スピードを調整する必要があるし、いろいろな条件を最適にしなければならない。そのときにパイロットは何を見ているかというと、滑走路などの「キメ」だという研究があるんです。日本はそうした分析的な研究をしようというふうにはならないで、人相見になってしまう。その差なんです。

そういう日本人の特性がいい方に出ることもあって、ここ三十年、日本のGDPが上がらないでしょ。経済関係の人たちは、日本が経済的に発展していないからだと言います。でも僕の考えは違って、それ以前の「田中角栄による日本列島改造」に代表される成長戦略に国民が嫌気がさしたということだと思っているんです。むやみに国土を掘ったり削ったりするのはもうやめろと。公共事業をやらなくなったので、経済成長が止まったと僕は考えているわけです。

象徴的だったのは、二〇〇一年に田中康夫さんが長野県知事時代に打ち出した「脱ダム宣言」ですね。こういう態度は非常にローカルですよね。ドイツであれば「緑の党」の主張と重なるんじゃないですか。

最近では静岡県知事だった川勝平太さんが、環境保全を理由にリニア中央新幹線の（静岡工区の）着工に待ったをかけていたでしょ。最後は失言などでやめてしまったけれども、あの主張で県政を維持できたのは、県民感情が背景にあったからだと思うんです。つまり論理ではないんですよね。

こうした動き・変化をみていると、もうちょっと自分の足元を考えたらどうかなと思うわけですよね。世界的にみても必要な考えだし、事実上日本人がブレーキになっているんだから、それに気づいたほうがいい。こうした考えを広げるようにしてもいいんじゃないか。これがここ数十年の変化ですね。

作曲家はいつ生まれたか

久石　以前、先生がお話しになっていましたが、時間と空間の両方を統一するものは言葉しかないということ。つまり、「リンゴ」といったらリンゴの絵とリンゴという実態が重なってくる。だから、言葉は両方を結ぶ大事な架け橋だと。でも芸術はそうじゃないんですよね。音楽は空間性があって、時間軸で動く。ドレミファを表現するためには、時間の経過が絶対必要だと。でも美術は時間軸が必要じゃないんですよね。見てわかるから。空間的なものですよね。するとここにはあんまり論理的な構造を持たない。

いずれにしても芸術っていうのは、言語を介さなくても表現できる唯一の手段であるということは共通している。

養老　そこで言葉ですが、僕自身の感覚でいうと、空間よりは時間軸に寄っていると感じるのですが、いかがでしょうか？

久石　音声言語は、そうですね。文字になるとまた違う。文字は時間を止めちゃいますからね。

養老　でも読むときには時間がかかりますよね。それはあんまり関係ない？

久石　関係ありますね。書くときにも、やはり時間軸に沿って考えて書いているわけですから。

養老　そうですよね。そうすると言葉は空間よりも時間の方が優先になっちゃうんじゃないかと思うんですね。時間と空間の両方をブリッジするのが言葉ではありますが、どちらかといえば時間軸に沿っている傾向が強いと感じています。

久石　なぜそんなことを言うかというと、こんなことを考えたからです。歌詞のある曲というのはかなり昔からありましたが、その歌詞も長らく文字に記してこなかったし、作曲家という存在もなかったんです。作曲家っていつ頃できたと思われますか？

養老　（首をかしげて）ん？

久石　十五世紀なんですね。それ以前は、誰かが歌っていた民謡とか、「グレゴリオ聖歌」みたいな教会音楽を口承で歌い継ぐパターンだった。あるいは、もともとその土地に伝わる歌をみんなで口ずさんでは、折れ線グラフみたいなものに記していた。その後、五線紙に音符を書いて、リズムを決めて、譜面ができて、初めて人は曲を吟味することができるようになったわけです。例えばAというメロディーに対して、Bというカウンターメロディーを作るといいね、とか。そうした作業を通じて曲全体を構成して、初めて作曲家と言われる人が登場したんです。

　何が言いたいかっていうと、時間軸を中心にして表現する作曲家の最大の強みは、「視覚がある」ということです。さきほど言った譜面によって視覚化することで、初めて音楽を表現できている。

養老　旧版『耳で考える』の中でも触れていますが、生まれつき耳が聞こえない子がいるんです。文字にすればわかるだろうと思うかもしれないけれど、伝わりにくいのが疑問文なんですね。

どうして伝えるかといえば、穴埋めにする。大事なところを空欄にした文章を作るんです。文章は読めますから、空欄が疑問の目印になって伝えられるんです。

久石　空欄にすることで視覚的に「疑問」を作るわけか。なるほど。

養老　疑問文がわからないってなかなか想像がつかない。

久石　プロのクラシック音楽家は、基本的に目に頼っています。譜面に異様に難しい図面をたくさん引いて、それも信じられないほど短い二日とか三日のリハーサルで、一時間のシンフォニーを演奏したりする。譜面がなければ何もできないですよ。要するに、視覚から音を取り込んで、輪郭化して弾いてるわけですね。だから、目が見えないと厳しいとは思いますよ。時間をかけて耳で覚えていく方法はあるけれども。

リズムと音楽・文章の関係

――久石さんは、哲学者ニーチェの文章というのは、音楽と相性がいいと言われていました。これはどういうことなのでしょうか？

久石　ドイツの人はニーチェの文章がすごく好きらしいんですよ。センテンス自体がリズミカルで、ドラマティックな展開になっているところがあるのだという話はよく聞きます。「ニーチェの文章は音楽だよ」とか。ただ僕はドイツ語が読めないし喋《しゃべ》れないから、その感覚は百パーセントわからないけどね。

いい文学というのは、そういう傾向があると思いますね。たとえば堀辰雄だって誰だって、一流の作家はそれぞれリズムがあるじゃないですか。もしかしたら文章を書いてる人って、先生もそうだけど、いちばん大事にするのはリズムなんじゃないかとさえ思います。

養老　そうですね。僕は夏目漱石の文章が好きだったんですが、それを倣って原稿を書いていましたね。いまはパソコンですけど、若い頃は手書きですよ。最初の頃は書き直しするとき最初から清書していました。だから繰り返し繰り返し同じことを書き直すことになるわけです。なんでそんな面倒なことをやるかといえば、脇に吹きだしが入ったりした原稿だと、読み返したときにそこでリズムが狂うからです。間違いなくリズムのことを考えて清書していた。パソコンになってそれが楽になりましたね。

久石　すごく立派な言葉を羅列していてもいい文章にならないですよね。伝わってこない。簡素で、ごく普通の言葉を使って、たまにこれだという言葉が出てくる文章は伝わってきますね。リズムも含めて読みやすさを突き詰めていくと、音楽とかなり重なる部分が多いかもしれません。

リズムっていうのは多分音楽だけに存在するんじゃなくて、野球もそうですよね。ピッチャーが投げる、バッターが打つ……というときに大切なのは、タイミングをうまくとることとです。タイミングっていうのは詰まるところリズムですからね。そこを分かっている人は、ちゃんとヒットやホームランを打てたりします。

僕、オーケストラの指揮もするんですけど、プロでも演奏しているとリズムを狂わせることがあるんですね。練習していると、結構みんなが熱気を帯びて盛り上がってくるんです。燃えている分、テンポが一人だけ先に走ってしまうことがある。プロの演奏家といえども人の子ですからね。八十人とか百人が一緒に演奏してると、そうなってしまう演奏家がいるのは仕方ない。

いい指揮者は、そういう演奏家がいても早めに察知できるんです。このままいくとあと八小節で演奏が崩壊するなと。崩壊するときには必ず予兆があるんです。例えば金管楽器の人たち、ちょっとリズムが走ってるなとか、トランペットが走ってるとか、感じるわけです。いい指揮者は早いうちにその芽を摘んでいくんですよ。その演奏者に向かって、わざと気づくように一生懸命指揮棒を振ったりして、〝絶対間違えるな！〟と伝えるわけです。合図を山ほど送るんです。〝ここで合わせろ！〟と。

――リズムって人によって好みが違ったりしますね。

養老　誰にでも合わせることはできないですよね。

久石　やっぱりそれは個性になるんでしょうね。

養老　僕がまったく読めなかったのは、ルートヴィヒ・ウィトゲンシュタイン（哲学者）の文章です。ウィトゲンシュタインが好きな人に聞いたら、一つの文章を一日で読むという。

久石　どういうことですか？

養老　一つの文章を読んで、あとはゆっくり考えているということ。そんな暇ねえよと（笑）。

久石　大江健三郎さんはまず一通りストーリーを書いたら、奥さまに読んでもらうんですってね。奥さまは「本当に素晴らしい文章ね。いい小説できたわね」って言うんだそうですよ。ところが大江さんは、それから一年かけて原形をとどめないぐらい直すんで、難解な文章になっていくんだって、奥さまがよくおっしゃっていましたね。

――なぜそれほど変えるんでしょう？

久石　複雑な方がかっこいいと思っているのかもしれないですね。いろんな意味を込めたくなるからか、読み進めていくうちに……。一九八〇年代の芸術家の人たちは、多くの場合、複雑で訳がわかんないのがいいのだ、かっこいいんだという部分がありましたからね。その背景には、「体制を壊す、あるいは既成の概念を壊す、それがアートだ」という思いがあったからなのか。大江さんもそういうところがあるかもしれないです。

――アートでもわからないのがありますが、久石さんはないですか？

久石　いや、アートはわかんなくていいじゃないですか？　何かを感じれば。言語化しようなんて思うから、考えちゃうんだと思いますね。ただ、小説などは文章で具体的に記述されているから、アートとは違うと思うけれど。

歌詞は言語ではない

――以前、久石さんは「顔がない音楽」について言われていました。

久石　それは、「個性がない音楽」という意味です。単純に言えば、デジタル機材が発達したことで、簡単に修正がきくんです。歌手の音程が少々ズレていても修正できる。リズムが外れていても大丈夫。だから下手な歌であっても、きれいに作れてしまうわけです。そうするとみんな同じような顔になっていっちゃうよねということを言ったんです。

テクノロジーの力で、「一般的にいい」というレベルのものを作っていったら、面白みのない曲ができてしまう。それ、社会と同じじゃないですか。

養老　ディテールにこだわって全体が見えなくなってきますよね、何のために作っているのかも含めて。

久石　でも歌は難しいんですよ。ピッチ（音程）が合って、リズムが合っていれば、いい歌になるかというと、ならないです。特に歌は、ダミ声でリズム感が悪いんだけど存在感はあるよね、というケースがあるからです。

――少し余談になるんですが、歌詞のある曲を聞いていると、言葉が頭に入ってこない、歌詞が頭に残らないことがあります。でもなかには、あの曲は歌詞がいいんだよと言っている人もいます。あれは脳の特性と関係があるんでしょうか？

養老　歌詞は言語じゃないんですよ。ブローカ野の言語中枢というのがあって、そこが壊れた人は言葉が喋れない。ところが、子どもの頃から知っている童謡なんかは歌えるわけです。それは歌詞が記憶として残ってるから。大切なことは、その場合の歌詞は言葉じゃないってこと。通常、言語をつかさどるのは左脳というでしょ。でも歌詞の場合、言語に必要な左脳が壊れていても、メロディーに乗った歌詞は右脳で扱っているから言葉に出して歌えるわけです。美空ひばりには英語で歌った曲があるけれども、彼女は英語をぺらぺら喋れるわけではない。歌詞が言語ではないからなんですね。

歌詞は右脳で聞いている

――歌詞が頭に入ってこない、残らないというのはなぜなんですか。

養老 それは右脳で曲を聴いているからですよ。

久石 言語野じゃないほうで聞いているから。

――曲を聴きながら、「この歌詞いいんだよね」と言っている人はどっちで聞いているんでしょうね。

養老 左脳で言語を扱って、音楽は大体右脳っていわれるけど、線を引いたように明確に分かれているわけじゃないからね。歌詞を左脳で聞きながら右脳も同時に働かせながら聞いている人もいると思う。

久石 日本語をはっきりと発声して歌う人の歌詞は、メロディーにもよるけど、ちゃんと耳に入ってきますよね。でも、もしかしたら、母音が多い日本語という言語の特性が影響しているかもしれませんね。例《たと》えば、「シュプレヒコール」という言葉だと、子音が多く入っているから変化があって歌詞も届きやすいんです。でも母音が多い日本語の場合は、メロディーに喰《く》われていく傾向が強いのかな。そのあたりは感覚的な話だから、断定はまったくできないけど。

音楽のことではありませんが、日本の俳優のなかには、感情を表現したいという気持ちが先走って、感情をむき出しにしてセリフを言っている人がいます。たとえば「こら、おまえらぁ!!」という短いセリフでも、声が大きすぎると聞き取れないですよね。とくに演技を学んでいない人がやるとかなり聞き取りにくい。俳優自身は感情を精一杯出してるつもりなんだろうけど、伝わらないですよ。

でも、不思議なことに、感情にまかせたしゃべり方でも、子音が混じったドイツ語であったり、欧米の言葉は、はっきりとした破裂音が含まれているので、わかるんですよね。

養老 こう言うと身も蓋もないかもしれなけど、歌詞を間違えて覚えても何の問題もないと思うけどね。

久石 そうなんですよね。

養老 例えば誰でも知っている『赤とんぼ』の歌は、本当はお姉さんの背中に負ぶわれて見た赤とんぼ、という歌詞なんだけど、僕は幼い頃、網に入れられたとんぼに追っかけられている歌だとずっと勘違いしていましたからね。つまり「追われてみたのは」と思っていた。それでも何の問題もない。

久石　問題ないですよ。僕だって、『ふるさと』の「兎追いしかの山」を聞いたとき、「うさぎが美味しい」って聞いたもんな（笑）。

養老　（生物学者の）池田清彦が、『きよしこの夜』を、「きよひこの夜」って聞いていたらしい。なんでかというと、彼は東京の下町で育ったから、「し」と「ひ」を混同しちゃう。だから自分の歌だと思っていたらしいんだ。

――さらに話を脱線させてしまいますが、歌詞付きの音楽を聴きながら文章を書くと、邪魔になりませんか？

養老　邪魔になるに決まっているよ。

久石　先生は仕事中はずっと音楽を聴くとおっしゃっていましたが、オペラでしたか？

養老　オペラは、言葉がわからないからちょうどいいんですよ。タンゴもいいですよ。

久石　オペラは、ドイツの人も理解できないらしいんですよ。あれほど音を伸ばしたりして歌っているからわかりにくいんですね。イタリア語のオペラも同じで、イタリア人でもわからないらしい。だからいいんですよね、オペラの歌詞は雰囲気なので、言葉なんて元々伝わってないんだから……。という話は、いまの僕にとっては妙な救いになるんです。オペラを書かなければいけなくて苦しんでいるので（笑）。

本気度が感じられない「大地震」への対応

久石　東日本大震災が起きた頃にも先生と対談〔新潮45（二〇一二年六月号）〕しましたが、あれから十三年経ってどうでしょう。二〇二四年の元日に能登で大きな地震があったわけですが、復興の仕方を見ていると、日本人の悪いところが現れている気がします。

養老　思い切ったことを何もしてないですよね。東北の地震後、最初にできたのが高速道路でしたけど、田舎に高速道路を作ってしまうと、人は便利な都市部に吸い寄せられてしまうんですね。地元で頑張っている人で僕が知っているのは、宮城県の気仙《けせん》沼《ぬま》で牡蠣《かき》の養殖をやっている畠山（重篤）さんぐらいじゃないでしょうかね。息子さんが二人いて、いずれも東京で働いていたんだけれども、お父さんを手伝うために地元に戻ってきて牡蠣の養殖を始めている。そういう人が何人か出てくると思うんです。テレビをちらちらと見ているんだけれども、もうちょっと地に足がついたと言いますかね、そういうことを日本は考えるべきだと思うんですよね。

久石　首をかしげることは、能登半島地震のときにもありました。「ワールド・セントラル・キッチン」という国際NGOがアメリカ・ワシントンD.C.にあって、この団体が状況を判断して発災からわずか四日目の一月五日から始めて、十日後には一日千六百食を提供できる態勢を整えているんですね。トラックで調理器具や食材を現地に届けている。

同じことを日本がなぜやらないのか？　山道に石ころがいっぱい落ちているので行けないとか言っていたんだけど、海外からは届けられている。やったらできるんじゃないかって話なんですよね。役所が機能不全を起こしている。

ガレキを片付けに行くボランティアに関しても信じられないことを耳にしました。みんな車で行くんだけれども、道路の渋滞もあって、朝でかけても、昼の一時半過ぎにしか着かないらしいんです。そこで一時間半ぐらい作業すると、もう帰っちゃう。

もう少しやりようがあるんじゃないのか？　状況をもっと効率的に変える方法が

あると思うんですが、なかなかです。

養老　印象的だったのは道の真ん中にクルマが止まっていて、それを市が片付けられないっていうんですよね。私有財産だから勝手に手をつけられないと。真面目なのか、何をやっているのか、よくわからない。本音・本気で生きていないからなのかな。本気でやってれば、もうちょっとなんとかなるはずなんだけど、建前でやることが多いので。

久石　自分がやりたいと思う前に、これはこうであらねばならないということを優先してしまうんでしょうね。

養老　補償もけちくさいでしょ。全壊、半壊で出るお金が違うとかね。壊れ具合で区別しないで、軒並み補償してあげればいいのに。

　昔から日本はけちくさい国なんですよ。僕は鎌倉に住んでいるので非常にわかるんだけれども、七、八百年前、ここに日本の権力を握っていた幕府が置かれていたわけです。ところがロクなものが残っていない。神社仏閣といったって火をつけたら消えちゃうようなものです。一番の宝物は、奈良時代の木簡。金銀財宝のたぐいは一切出ないんですよね。世界の権力者で、ここまで金の類いを残さなかったというのは珍しい。

歴史上、日本が大変化を起こしたのは煮詰ったとき

――さきほどＡＩの話がでましたが、これからテクノロジーと人間がどう共存していくかが大きな課題になってくると思います。将来のことも見すえてお話しいただきたいと思うのですが、お二人は〝ＡＧＩ〟ってお聞きになったことありますか？「汎用人工知能」（Artificial General Intelligence）というもので、ＡＩの種類の一種です。非常に高い知能を持っていて、汎用性が高い。また人間のように考え、感情を理解する能力を持っています。ＡＩは人間が操作しなければ動かないし、機械学習したものを出力するのが基本ですが、ＡＧＩは人間と変わらないぐらいになってしまう。特に神経レベルが同じぐらいになってしまうという議論もされていると、孫正義さんが言っていました。

久石　ほんと？　そこまで行ってしまうと、機械に支配されてしまいますよね。あまり楽しくないなあ。

養老　知能にこだわりすぎですよね。そういう能力が有効になるように外部世界を構築し

て来たからでしょう。要するに、ビルを作ったのと同じなわけですよ。

久石　なるほどね。

養老　コンクリートで固めて、ハエも蚊もいられないような社会を作りあげた。自分が住んでいる世界をそういうシステムに作ってきたから、ＡＩのほうが勝つ世界になったわけです。ＡＩがなじみやすい状況を設定しちゃったというだけの話です。地震が来て、そのシステムが崩壊したら、ＡＩがどれだけ役立つか。

結局、煮詰ってしまったんですよね、近代社会というのは。当たり前ですよね、頭だけで考えたことで建物を作ったりシステムを考えているわけだから。ChatGPT みたいなものは、人間のためにならないですよ。ＡＩの技術を進めていったら、人間はいらなくなるっていうんだから。何のためにＡＩを作っているのか全く分からない。

地球上には八十億人もの人が生きているわけでしょ。その天然の知能をどうしてもっと大切にしないんだと言いたいですよ。ＡＩが作る世界というのは、詰まるところ人間を大切にしない社会だと思います。

学校に人文科学は要らないというふうに言い始めたあたりから、日本人に蔓延する〝病〟がかなり進行していると思いましたね。それは人間を大事にしなくなったことの一つの現れで、人に対する信頼感がないんですよ。

久石 たしかに。

養老 歴史をさかのぼると、日本がガラッと変わったのは、いまの日本みたいに煮詰っていたときなんですよ。例えば江戸末期、黒船で大騒ぎするわけだけど、実はその翌年（一八五四年）が東南海地震なんですよね。間もなく「安政の大地震」も起きている。ほぼ同時期に大きな地震が来ている。日本がガタガタになってしまって、二百五十年も続いた幕藩体制が一気に崩壊してしまうわけです。言ってみれば地震というのは、そういう効果があるんですよね。

京都大学総長も務めた尾池和夫さんという地震学者がいるんだけれども、彼が、いろいろな根拠で二〇三八年に南海トラフ地震が起きると予言しているんです。十数年後だから、それが当たるかどうかはわからないけれども、それによってどう変わるのか。

人間は本来、不経済・非合理・非効率なのに

――技術と人間の付き合い方を考えるとき、何かヒントはありますか？

養老　AIなんて、一部の業界が儲かるからやっているだけだと思う。しかももっと悪いことに科学技術がAIだけに集中しちゃったような状態でしょう。AI以外にいくつかあればよかったんだけど。

つい先日、AIと医療について話してきたばかりなんですけど、とくに医療だからね、AIを使うにしても、もう少し人のことを考えてほしいと言ってきたんですよ。医療というのはやっぱりやってる人が人間じゃないといけないので。

久石　そうですよね。昔のお医者さんは、患者さんの表情や話しぶりをみたり、触診をしたりして診断していたと思いますけど、いまは病院に行っても、みんなコンピュータの画面をみて、こっちの顔を見ないですよね。血液データといった数値をみて、「もう大丈夫です」とか言っている。ああいう医療でいいのか？　ちゃんと診断できるのかなと思ってしまいますね。

養老　問題の根本は医療保険制度です。つまり、僕みたいな人間が診ようが、キャリア四十年の専門家が診察しようが、診療報酬は同じなんですよ。医者が均一化された制度の中では、患者さん一人ひとりをじっくりみるわけないんです。つまり怖いのは、繰り返しになるけれどもシステム化なんですね。

その上に、またＡＩなどが導入されて、さらにデジタル化が深まっていく。合理的・効率的・経済的な医療の実現のために必要だということになるんだろうけど、この三つがいまや敵なんですね。

久石　人間っていうのは本来不経済で、非合理で、非効率なものでしょ。それが効率的で合理的な経済的なシステムを作ったんだから居心地がいいはずがない。だから幸せそうな顔をしている人が少ないんですね。

養老　そう。不機嫌な顔をしているのはそのためですよ。それぞれが一番居心地の良い状態を探して、そこに行けばいいのに。それが本音ですね。

デジタルの音楽は情報でしかない

——いまや日常生活の中にデジタルが否応《いやおう》なしに入り込んでいて、ＡＩ以外にも映像や音楽のサブスクがあって、ほとんどの人は手放せなくなっています。

久石　サブスクで見たり聞いたりする音楽は、情報だからね。あれは厳密に言うと音楽じゃない。それでも性能のいいデッカいスピーカーで聞いたりしてればまだいいけどね。

ただラップトップパソコンのスピーカーやヘッドフォンから流れてくる音楽を聞いたところで、それは情報だからね。音楽は何も訴えかけてこない、こんな感じっていうのがわかったっていうだけのことだから。

クリックすれば一瞬で聞けるし、長い曲だなと思ったら、途中で切っちゃうことができる。僕もやっちゃうけど、例えばワーグナーのオペラを、ＤＶＤで見ようとするでしょ。でも五分も経ったらつまんなくて途中でスイッチを切ってしまう。

コンサート会場やライブ会場に行くのは大変だけど、生で聞いたり歌ったりすると感動するわけじゃないですか。その場に行かなければならないから、すごく非効率な行為です。クラシックのように四十～五十分かかる長い曲をオーケストラの演奏で楽しむいちばんいい方法は、まず自分でＣＤを買って一生懸命何回も聴く。理解する。その上でチケットを買って、電車や公共交通機関を使ったり歩いたりして会場に行く。演奏を聴く。帰ってくるときも、できたら一人、一人でなくてもいいけれども余韻を大切にする。そういう態度でようやく感動が得られるわけです。

例えばワーグナーでも劇場がいい。昼の三時に始まって終わるのが夜の十時ぐらいなんですよ。幕間も、舞台転換で一時間半かかるから長いんです。まず三時から一時間か二時間聞いて、一時間半を休憩に使って、また続きを聴く。でも全然飽きない。

やはり音楽っていうのは、その場に頑張って聞きに行かないと意味がない。先生の日常と一緒ですよ。解剖も昆虫も、その場に行かなきゃ成り立たない。そんなに偉そうなことを言っている僕でも面倒くさいから、映画をうちにある大画面で見るようになっちゃって、映画館から足が遠のいているんです。すごく反省しています。この間の『ゴジラ-1.0《マイナスワン》』。あれなんか絶対に映画館で見なきゃ駄目ですよ。僕はたまたま見てなかったから、飛行機のモニターで見ちゃったんだけど、小さい画面だと映画監督が描こうとしたことはわかんないんだろうなと思いながら。

大きな画面だったら、監督が何を言いたいのかちゃんとわかりますよね。映画館に行かなきゃなって反省しました。

人間は感性と情緒がないと生きていけない

久石 人が何によって感動するかって面白いですよね。以前、養老先生が話してくださったんだけど、音楽を聞いて、なぜ人は感動するのかという解説。音楽を感じる部分というのは、古い方の脳で感じているんだと。前頭葉ではなく、もっと原始的な脳の部分に音は直接届いているから、人は感情を揺さぶられるんだっておっしゃっていたんです。

養老 そうですね。大脳辺縁系ですね。感動や美しいといった感情は、そこが関係しています。面白いのは、数学というのも、情緒的なものが関わっている。言ってみれば純粋理性みたいな分野だから、そう言われてもピンとこないかもしれないけど、実は情緒なんですよ。数学の問題を一日中ずっと考えたりできる理由は、数学の中に情緒的なものがあるからです。

久石 数式を見て、綺麗だなって言う人がいますよね。綺麗ということは論理だけじゃないということですね。僕はわからないけど、様式美みたいなのがあるのかもしれない。数学の問題を考え続けられるエンジンとして動いているのが情緒だったり感性だったりするというのも実に面白い。人間ってやっぱり感性とか情緒がないと生きていけないんだなあと思いますね。

（二〇二四年四月三日 新装版用に対談）

あとがき

久石　譲

長い間待ち望んでいた養老さんとの（対談の）本が出来た。僕は養老さんの一生徒として、日頃音楽をつくっていく上で考えたこと、疑問に思ったことを素直に質問したに過ぎない。その質問に対して養老さんからは音楽だけに留《とど》まらず、科学から哲学、社会学から人間、虫の生態まで例にとって、この世の成り立ちや人間と知の向き合いかたなど非常にわかりやすくお話ししていただいた。

しかもそれらは螺旋《らせん》を描いて繋《つな》がっていて、話が進むにつれて世界のリンク（連環）の秘密を読み解いていくようなスリルとサスペンスを味わった。それはどんな映画よりもおもしろく、僕はただただ感動しわくわくしながら聞き入っていた。ついでながらこの対談のあいだもずっと「養老先生」と呼ばせていただいていたのだが、対談本の体裁上「養老さん」と表記されることになった。僕としては何だかちょっと申し訳ない気持ちになる。

今でもはっきり覚えていることがある。初めてラジオで対談したときに「良い音楽とは何ですか？」という僕の質問に対し、養老さんは一瞬沈黙された後に「長く聞かれるもの、時間が経っても色あせないもの」と明快に答えられた。音楽家であったら誰でも知りたいことであり、その答えを見つけ出すために一生を費やすのだが、養老さんはあっさり数秒で即答された。僕は何だかうれしくなり平成の良寛様よろしく、あれも聞きたいこれも聞きたいと矢継ぎ早に質問したのだった。

養老さんの頭は一体どういう仕組みになっているのだろうか？　多くの大学教授のような知識人は専門分野にはとても詳しいのだけれど、他の分野にまたがったり、それが人間の話になったりするとからっきしわからないか、関連を持たない人も多いと聞くが、養老さんは全く違う。良い例が「ホイヘンスの振り子時計」の話をされたときである。石の壁に向かい合わせて同じ種類の振り子時計を吊《つ》るしておくとやがて同期してしまう、という理論なのだが、養老さんにかかれば長年連れ添った夫婦にも適用でき「別に同期しようとして生きているわけではなくとも、一緒に暮らしていることで同期せざるを得ない（笑）」ということになる。僕がこの話をいたく気に入っているのは、高邁《こうまい》な理論と長屋の夫婦が同じ土俵に並んでいるからである。本来理論は理屈だから取っ付きにくいが、そこでいわれていることは我々の日常と繋がっていなければ意味はない。人間が生きていく上で、もやもやしてすっきりしないことをこうですよとばっさり言葉で言い切るのが理論だと僕は思う。もちろん哲学もそうだろう。

もしかして養老さんの若いときはガチガチの理論派だったのではないか？　自分の眼や耳で確認できないことは一切信じないくらいの人であったような気がする。そしてある年齢になったとき「思い通りになんか世の中いかねえよ」的な余裕とでもいうのか、理論だけではない俯瞰《ふかん》でものを観るようになって、今の養老さんがいるのではないだろうかと想像する。

僕はといえば、まだガチガチの理論派なのである。いや、理論武装するほど勉強はしていないので理論好きというところである。この間も音楽大学で特別講義をおこなったとき、学生に「和声学や対位法」の理論は徹底的に勉強した方がいい、と声を大にして言った。

理論でがんじがらめになるのはひどく億劫《おっくう》だ。伸びやかに赴くまま音を紡いでいければどんなに幸せか、と思うのだが現実はそんな構築性のないものは犬の遠吠《とおぼ》えよりも聞くに堪えない。この対談にも出てくるが音や言葉は前後の脈絡によって大きく変わる。つまりその順番を構築していくことが創作なのである。それは「和声学」といった理論上でのことだけではなく、日常の作曲においても言えるのである。ある曲を書き出すとき、モチーフなり、リズムなり曲の核になる要素を決めた瞬間そこにはルールが出来るのである。自分で決めたそのルールは、真っ暗な夜道にうっすら浮かぶ蛍のレールみたいなものだ。その蛍のレールをよりどころに音を選んでいくのだが、その蛍のレールはしばしばこちらの感性が欲する音を点滅させ拒絶する。自分の頭に鳴り響くとおりに音を書くか、それとも全体を構成する上で泣く泣くモチーフのバリエーションの音を取るか？　実はそのどちらかに偏っても作曲は成立しないのだが、その辺りは本編を読んでいただきたい。作曲とは実はこういう引き裂かれた行為を行うことなのである。だから、そのためにも若いうちから理論でがんじがらめになってのたうち回るくせをつけろ、と言いたい。そのうちこちらもタフになり蛍のレールを歩く振りをしながら何匹か捕まえてポケットにしまっておくようになるはずだ。

余談になるが最も感性と理論で引き裂かれた作曲家は「ブラームス」だった。ベートーヴェンを崇拝してやまない理性と最もロマン派的だった感性で引き裂かれた男、「ブラームス」。それがもっとも人間的であるために多くの人に楽曲が愛されているのだろう。いつか必ずコンサートで演奏したいと思っている。

僕がそんなことを考えているときに養老さんに出会った。養老さんの後ろ姿を見ているとその頭に大きな図書館がのっているように思えた。そしてその魅力溢《あふ》れるバリトンヴォイスで僕が知りたかったことを、きちんとこの世のありとあらゆる知の中から適切な言葉を選んで置き換えていただいた。改めて自分の無知を反省した上で「知る」ということの無上の喜びを知った。だからこの本の一番の読者は僕であり、多くの人たちとその喜びを共有できたらもっと嬉しい。

いつか僕が養老さんの年齢になった時、この本に書かれている内容が自分の言葉として言えるようになりたい、と切に思う。もちろん現役の作曲家として、絶対。

二〇〇九年九月

写真　ワンダーシティ
ブックデザイン　鈴木成一デザイン室
ＤＴＰ　株式会社千秋社
校正　有限会社くすのき舎
編集協力　阿部久美子、西所正道
編集　村嶋章紀

養老孟司（ようろう・たけし）

1937年鎌倉市生まれ。解剖学者。東京大学医学部卒業後、同大学院博士課程修了。東京大学医学部教授を経て、1996年から2003年まで北里大学教授を務める。東京大学名誉教授。1989年『からだの見方』でサントリー学芸賞、2003年『バカの壁』で毎日出版文化賞特別賞を受賞。『唯脳論』『養老先生、病院へ行く』『ものがわかるということ』など著書多数。

久石譲（ひさいし・じょう）

現代音楽の作曲家として活動を開始し、音楽大学卒業後ミニマル・ミュージックに興味を持つ。近年はクラシック音楽の指揮者として国内外のオーケストラと共演。ドイツ・グラモフォンからリリースした「A Symphonic Celebration」は米国ビルボード2部門で1位を獲得した。2024年4月、ロイヤル・フィルハーモニー管弦楽団Composer-in-Association就任。25年4月、日本センチュリー交響楽団音楽監督に就任予定。

脳《のう》は耳《みみ》で感動《かんどう》する

二〇二五年二月一一日　初版第一刷発行
二〇二五年三月六日　初版第三刷発行

著者　養老孟司《ようろうたけし》　久石譲《ひさいしじょう》
発行者　岩野裕一
発行所　株式会社実業之日本社
〒一〇七－〇〇六二
東京都港区南青山六－六－二二 emergence 2
電話（編集）〇三－六八〇九－〇四七三
（販売）〇三－六八〇九－〇四九五
https://www.j-n.co.jp/
印刷・製本　TOPPANクロレ株式会社

 ISBN978-4-408-65131-6（第二書籍）